Maria Cristina Peccianti

Regione per regione

Letture per stranieri con l'uso di sole
1.500 parole dell'italiano fondamentale

MARIETTI-MANZUOLI

1ª edizione 1987

Ristampe:

5 4 3   1993 1994 1995 1996 1997

© 1987 Casa Editrice Marietti Scuola S.p.A. - Casale Monferrato
Sede Centrale: via Adam, 19
15033 Casale Monferrato (AL)

ISBN 88-393-3684-2

Stampa: La Grafica - Boves (CN)

Indice

PRESENTAZIONE   V

Piemonte
Al piè dei monti   1
Quanto riso!   1
Una regione industriale   4
Torino: la sua storia   4
Torino: la capitale dell'automobile   5
Torino: i suoi problemi   6
L'emigrazione   7

Valle d'Aosta
Una regione tutta montuosa   8
Allevamento e turismo   9
Il Parco Nazionale del Gran Paradiso   10

Liguria
Una regione stretta tra i monti e il
mare   11
I liguri, un popolo di marinai   11
Il porto di Genova   12
Imperia, la provincia dei fiori   13
Viaggio in Liguria   14

Lombardia
L'acqua, protagonista della Lombar-
dia   17
Quel ramo del lago di Como...   18
Un'agricoltura veramente ricca   19
Stalle come fabbriche   20
Molte, moltissime industrie   21
Milano, capitale del benessere   22
I pendolari   23
Lotta all'inquinamento   24

Trentino-Alto Adige
Una regione molto «speciale» dove si
parlano tre lingue   25
Troppe mele   26
Le Dolomiti   27
Il Parco Nazionale dello Stelvio . . .   28

Veneto
Una pianura con tanti fiumi   30
Le lagune   31
Un'economia che ha più di una faccia   31
Quante belle città!   32
Come è bella Venezia!   34
Come è triste Venezia!   36

Friuli-Venezia Giulia
Una regione sfortunata   37
Una gita sul Carso   38
Le vicende di Trieste   39
Il fascino di Trieste   40

Emilia-Romagna
Mele, pesche, pere... prosciutto e par-
migiano   42
Nel mondo delle anguille   43
Petrolio, metano... e macchine da
corsa   44
Romagna solatìa   44
Storia e arte dell'Emilia-Romagna   46
Bologna: la dotta, la grassa, la turrita   48
L'estero in casa: San Marino   49

Toscana
Due parole di storia   50
E ora guardiamo il paesaggio   50
In giro per le città   51
Firenze: lo splendore del Rinascimento   54
Siena: il Palio   54
Lingua italiana e lingua toscana . . .   55
La cucina regionale   56

Umbria
Verde Umbria   57
L'attività turistica   58
Perugia: l'Università per stranieri . .   59
Assisi: San Francesco   60
Il folklore   61

Marche

Un popolo di contadini 62
Le strade romane 63
Urbino, la capitale del Rinascimento 64
Il natìo borgo selvaggio 65

Lazio

Il Lazio senza Roma 67
La storia di Roma 68
Quanto sei bella Roma! 69
Roma capitale d'Italia 71
Cinecittà e il cinema italiano 73
Il più piccolo stato del mondo 73

Abruzzo e Molise

Ora in terra d'Abruzzo i miei pastori... 75
Molise giovane e povero 77
Feste popolari e antiche tradizioni 78
Fare il turista in Abruzzo e in Molise 79

Campania

Campania felix 81
Coste e isole di sogno 82
Vedi Napoli e poi muori 83
Napoli: l'arte di arrangiarsi 86
Ricchezza e povertà della Campania 87
I vulcani 88

Puglia

La regione più bassa d'Italia 89
Il Tavoliere era il Far-West d'Italia 90
Bari, Brindisi, Taranto: triangolo industriale del Meridione? 91

I trulli 92
Le grandi cattedrali romaniche 93

Basilicata

Cristo si è fermato a Eboli 95
I Sassi 97

Calabria

Che profumo! 99
Il pesce spada 100
Povera Calabria 101
Tanto sole, spiagge bellissime, mare pulito... 103

Sicilia

Sicilia greca, araba, normanna... .. 105
Sicilia da vedere 106
Palermo fra splendori antichi e miserie moderne 108
All'ombra degli aranci in fiore 110
La mafia 111

Sardegna

Una terra, un popolo, una società di pastori 113
Dai nuraghi alle ville della Costa Smeralda 115
Il banditismo 117
Donne sarde, donne italiane 118

GLOSSARIO 119

ATLANTE GEOGRAFICO 123

Presentazione

Il presente volume di Leggere l'Italia, *che ha come oggetto l'**ambiente**, e quelli successivi, che riguarderanno la **storia** e la **cultura**, sono destinati agli stranieri adulti che vogliono imparare la nostra lingua in modo non superficiale e, nello stesso tempo, desiderano conoscere il nostro paese attraverso le sue vicende passate, la sua realtà e i suoi problemi attuali.*

Il fine dell'opera è quello di proporre per l'apprendimento dell'italiano, orale e scritto, un itinerario non alternativo, ma integrativo di quello situazionale largamente diffuso. Tale metodo infatti, certamente utile per chi si accontenta di sapere la lingua quanto basta per trascorrere qualche giorno in un paese straniero, non è sufficiente a chi voglia raggiungere conoscenze meno superficiali perchè tanto i vocaboli della vita quotidiana, quanto le strutture del discorso corrente sono limitati e non sempre consentono la necessaria espansione.

L'esperienza ha abbondantemente dimostrato che, una volta superata la fase iniziale, per andare avanti occorre uno strumento didattico idoneo a favorire l'acquisizione e la memorizzazione di nuovi vocaboli che diventano facilmente assimilabili se sono inseriti in un contesto comprensibile, interessante e significativo. Troppo spesso nelle scuole per stranieri adulti, per l'impossibilità di reperire testi specifici, vengono utilizzati libri, o brani, in origine destinati ai giovani scolari italiani e generalmente non soddisfacenti a causa del loro contenuto elementare, se non addirittura infantile.

Per ovviare a questa carenza, Maria Cristina Peccianti, sulla base della esperienza maturata nella Scuola di lingua e cultura italiana per stranieri di Siena, ha elaborato e raccolto in questi volumi alcuni testi originali, con difficoltà lessicali e sintattiche graduate, accessibili anche a chi non ha ancora raggiunto una buona conoscenza dell'italiano, ma adatti, per gli argomenti trattati, ad un pubblico maturo, di media cultura, non interessato ai raccontini, più o meno banali, o semplicemente tecnici, generalmente usati per gli esercizi sulla lingua.

I tre volumi, infatti, forniscono al lettore, attraverso una ricca scelta di temi e di contenuti diversi e separati, ma armonicamente collegati, una visione sintetica, e nello stesso tempo completa, aggiornata e scientificamente controllata, dell'Italia e della sua cultura.

*In questo primo volume dedicato all'**ambiente**, vengono presentate al lettore le più significative caratteristiche fisiche, antropiche, politiche e sociali del nostro paese. In esso infatti si parla non solo dell'orografia, della natura del sottosuolo, delle attività economiche e della distribuzione della popolazione, ma anche dell'organizzazione amministrativa, centrale e periferica dello Stato, degli usi e dei costumi nazionali e locali, della cucina italiana, del turismo, dei principali problemi sociali (differenza tra il Nord e il Sud, emigrazione, disoccupazione, mafia, ecc.), della situazione femminile, della scuola, della religione, degli spettacoli (cinema e musica in particolare), delle feste popolari e dello sport, senza trascurare gli indispensabili riferimenti alla storia politica, artistica e letteraria.*

I singoli brani, di lunghezza varia per un migliore uso didattico, sono indipendenti gli uni dagli altri e possono essere letti separatamente per soddisfare interessi immediati. Tuttavia si consiglia di rispettare l'ordine con cui sono presentati sia per non perdere l'organicità del discorso, che si sviluppa sulla base della continuità degli argomenti e talvolta comporta il rinvio a nozioni (o vocaboli) precedenti, sia anche e soprattutto perché le difficoltà linguistiche sono state graduate all'interno del volume. Il criterio seguito è quello di impiegare un numero via via crescente di vocaboli, scelti in funzione della loro frequenza nel linguaggio comune, e di partire dalle forme grammaticali e sintattiche più semplici per arrivare a quelle più complesse, tenendo sempre presenti le esigenze delle persone cui l'opera è destinata.

*Per consentire al lettore di procedere da solo, senza dover ricorrere continuamente all'esperto o all'uso del dizionario, si è tenuto piuttosto basso il numero delle parole utilizzate. Quelle del primo volume sono cira 1.500, cioè meno delle 2.000 che, secondo Tullio De Mauro, costituiscono il Vocabolario fondamentale della lingua italiana. Lo stesso criterio sarà seguito anche nei volumi successivi, che risulteranno certamente più impegnativi anche per la maggior complessità delle strutture linguistiche e la natura del contenuto. Il volume secondo, che avrà come oggetto la **storia** d'Italia, utilizzerà circa 3.000 vocaboli, cioè meno dei 4.937 compresi nel Vocabolario di alto uso del De Mauro, mentre il terzo ed il quarto, riservati a chi ha già una buona competenza linguistica, conterranno una visione sintetica della **musica**, dell'**arte** e della **letteratura** italiane impiegando circa 6.000 parole, cioè quasi tutte quelle presenti nel Vocabolario di base della nostra lingua.*

Talvolta in questo primo volume, ma la cosa si ripeterà anche in quelli successivi, l'argomento ha richiesto l'impiego di termini specialistici, non sostituibili, e di uso non comune. In questi casi, ma solo la prima volta, il significato dei vocaboli è stato esplicitato in nota come pure, quando se ne è presentata l'occasione, è stato spiegato il significato delle parole composte che potrebbero creare qualche problema a chi non conosce bene il lessico. Molta attenzione è stata prestata, e lo sarà anche nei prossimi volumi, alle strutture sintattiche. In questo primo volume non solo sono state eliminate le forme grammaticali irregolari, ma si sono usate frasi brevi, con proposizioni solo coordinate nelle prime pagine e poche subordinate in quelle successive, mentre per quanto riguarda i verbi è stato evitato l'uso del gerundio ed è stato molto limitato l'impiego del congiuntivo e del condizionale.

Pur operando entro i limiti, assai ristretti nel primo volume, di tutti questi accorgimenti didattici che fanno del libro uno strumento di grande utilità pratica per l'acquisizione di una buona conoscenza della lingua, l'Autrice è riuscita, ed anche questo è un grande merito, a conservare alto il tono del discorso e la varietà del contenuto che serviranno a stimolare, con l'interesse, l'impegno del lettore e a favorirne l'arricchimento culturale.

RINO GENTILI

Piemonte

Superficie: 25.399 kmq

Popolazione: 4.542.000 ab.

Densità: 178 ab. per kmq

Capoluogo di regione: Torino (1.200.000 ab.)

Capoluoghi di provincia: Alessandria (105.000 ab.), Novara (103.000 ab.), Asti (80.000 ab.), Vercelli (58.000 ab.), Cuneo (58.000 ab.)

Al piè dei monti

Piemonte vuol dire «al piede dei monti»; la regione è infatti chiusa dalle montagne su tre lati: a sud dall'Appennino ligure, a ovest e a nord dalle Alpi, che la separano dalla Francia e dalla Svizzera. Il Piemonte è dunque una regione di confine[1] e, come tale, è luogo di incontro tra popoli e culture diverse. Per particolari motivi storici[2] esso è stato molto legato alla Francia. Così il dialetto piemontese è assai ricco di parole francesi o simili ad esse, mentre la cucina e l'architettura hanno molte caratteristiche comuni con la cucina e l'architettura della Francia più che dell'Italia.

Il territorio della regione è vario: il 43% è montagna, il 30% collina, il 27% pianura. La pianura è attraversata dal Po[3], il maggiore fiume italiano, e dai suoi affluenti. Sopra i 2000 metri vi sono molti piccoli laghi alpini; il Lago Maggiore, il secondo lago italiano per superficie, si trova al confine del Piemonte con la Lombardia e con la Svizzera.

Il lago Maggiore richiama numerosi turisti per il clima mite[4], per la bellissima vegetazione e le isole Borromee; nell'isola Bella si trova un famoso giardino, ricco di piante rare.

Il clima prevalente del Piemonte non è mite, ma continentale, caratterizzato da inverni freddi e estati calde, con piogge soprattutto in primavera e in autunno; comunque, se vogliamo essere precisi, dobbiamo parlare di climi e non di clima del Piemonte e dovremmo almeno indicare, oltre a quello continentale, anche un clima alpino e uno appenninico.

Insomma siamo di fronte a una regione che, sotto molti aspetti, si presenta varia e interessante.

Quanto riso!

In Piemonte, anche se gli occupati del settore agricolo sono solo il 12% rispetto al 56% del

1. *confine*: linea, costituita naturalmente o artificialmente, per delimitare l'estensione di un territorio o la sovranità di uno stato.

2. La dinastia dei Savoia, che regnò per molto tempo sul Piemonte e successivamente, dal 1861 al 1946, sull'intera nazione italiana, era originaria della Savoia, regione che si trova al di là delle Alpi e fa parte oggi della Repubblica Francese. Fino al '500 la capitale del piccolo stato era Chambéry.

3. *Po*: il maggiore fiume italiano, lungo km 652; nasce in Piemonte, dal Monviso, montagna che fa parte del gruppo alpino detto delle Alpi Marittime.

4. *mite*: privo di durezza, dolce, clemente. In particolare si dice mite di un clima che non ha inverni troppo freddi né estati troppo calde.

A lato: vigneti sulle colline del Monferrato; sotto: i vini più famosi del Piemonte.

5. spumante: è un vino bianco effervescente del tipo Champagne. Si beve di solito alla fine di un pranzo o di un festeggiamento. Con esso si brinda «cin cin» per nascite, matrimoni e altri avvenimenti lieti, ma soprattutto per salutare la fine e l'inizio dell'anno.

6. Fiera: è insieme una mostra e un mercato dei prodotti di un settore. Si hanno anche Fiere dei prodotti di settori diversi di una determinata zona.

settore industriale, l'agricoltura ha un buon rendimento. Nelle colline si produce soprattutto vino, noto non tanto per la quantità quanto per la qualità. Sono vini spesso pregiati*, come il Barolo, il Barbaresco e il Nebbiolo, coltivati nella zona delle Langhe, oppure gli spumanti[5] della zona di Asti che è il maggior centro vinicolo italiano. Ad Asti si tiene ogni anno la Fiera[6] nazionale del vino.

Nelle fertili zone di pianura si coltiva grano, mais, ma soprattutto riso. Nelle province di Novara e di Vercelli, infatti, si producono circa 440.000 tonnellate di riso all'anno, più del-

la metà dell'intera produzione nazionale!

La pianta è originaria* dell'Estremo Oriente dove il riso viene prodotto e consumato in grandissima quantità.

La coltura di questa pianta ha bisogno di terreni adatti, temperature medie abbastanza alte e molta acqua; infatti la risaia[7] deve essere inondata* da giugno a settembre ed occorrono perciò pianure attraversate da fiumi e molti canali per l'irrigazione[8]. L'Italia, con le sue 800.000 tonnellate di riso all'anno, è la prima produttrice in Europa; la zona coltivata è soprattutto sulla riva sinistra del Po.

La coltivazione del riso, oltre all'acqua, ai terreni e alle temperature adatte, richiede* anche molte cure. Oggi la maggior parte delle operazioni necessarie vengono fatte con le macchine e con i prodotti chimici[9], ma alcuni proprietari di risaie preferiscono ugualmente piantare pioppi invece di coltivare riso.

Il pioppo è infatti un albero che cresce bene, in pochi anni, nei terreni molto umidi*; dal suo legno si estrae la cellulosa con cui si fa la carta.

Quella del pioppo è perciò una coltura legata direttamente all'industria e quindi molto redditizia*.

7. *risaia*: il terreno coltivato a riso.

8. *canale per l'irrigazione*: piccolo corso d'acqua, creato artificialmente, per poter bagnare le coltivazioni.

9. *prodotto chimico*: ottenuto con i procedimenti della chimica. Oggi, in agricoltura, si usano molti prodotti chimici come i concimi, i diserbanti, gli anticrittogamici.

Risaie in provincia di Vercelli

Una regione industriale

Il Piemonte è una delle regioni più industrializzate d'Italia. Questa forte industrializzazione non è dovuta alla presenza di materie prime che, nella regione, sono scarse, ma piuttosto all'abbondanza[10] di energia idroelettrica[11] e alla posizione geografica del Piemonte che favorisce le comunicazioni con l'Europa centro-settentrionale. Inoltre, negli anni '50, la crescita dell'industria (in particolare quella dell'automobile) è stata favorita dalla possibilità di avere molti operai a basso costo dalle regioni del Sud.

Nella zona di Torino vi sono soprattutto industrie metalmeccaniche: la Fiat, di cui parleremo a parte, ma anche una quantità di piccole fabbriche che producono per la Fiat fanali[12], serrature[13], accessori[14] vari.

Ad Ivrea c'è l'Olivetti, industria famosa, di livello internazionale, che produce macchine da scrivere di tutti i generi e calcolatori elettronici.

La Riv-SKF, a Villar Perosa, produce cuscinetti a sfera[15]; possiede degli stabilimenti* anche all'estero.

Un'altra importante zona industriale è quella di Biella e della Valsesia. Si trova qui un gran numero di stabilimenti tessili che lavorano la lana, in gran parte importata dall'Australia, e danno circa la metà del prodotto nazionale dell'industria laniera. La lavorazione della lana nelle valli del biellese, ricche di acqua, ha dato molto lavoro e ottimi guadagni per oltre un secolo, ma negli anni '70 il settore è stato colpito da una grave crisi*. Oggi la crisi è stata in parte superata, ma gli stabilimenti più piccoli hanno dovuto chiudere e molti operai sono stati licenziati* anche perché, con macchine tessili più moderne (in gran parte giapponesi), è molto minore il lavoro umano necessario.

Torino: la sua storia

Torino fu un importante centro romano e della sua origine romana conserva la caratteristica «pianta a scacchiera», con le strade che si tagliano ad angolo retto.

Durante il Medioevo la città si ingrandì ben poco, ma diven-

10. *abbondanza*: grande quantità. L'energia idroelettrica prodotta oggi in Piemonte, anche se abbondante, non è sufficiente per i bisogni dell'industria locale. Il Piemonte importa infatti energia elettrica dalla Valle d'Aosta, dalla Lombardia e dal Trentino-Alto Adige.

11. *energia idroelettrica*: energia elettrica che deriva dallo sfruttamento delle acque.

12. *fanale*: mezzo di illuminazione di automobili, motociclette, autobus, treni, ecc.

13. *serratura*: mezzo meccanico di chiusura e di apertura.

14. *accessori*: tutte quelle parti non strettamente necessarie al funzionamento, in questo caso, degli autoveicoli.

15. *cuscinetto a sfera*: elemento meccanico che serve a diminuire l'attrito fra un perno e un organo ad esso collegato.

Panorama di Torino con il Po e la Mole Antonelliana.

ne importante alla fine del
'500, quando i Savoia, signori
della regione, vi si trasferirono
da Chambéry.

L'architettura caratteristica
della città è neoclassica[16]; ne
sono esempi tipici la facciata
di Palazzo Madama, reggia*
dei Savoia, e la grande e bella
piazza Vittorio che ha intorno
costruzioni regolari e in tutto
simili, con portici[17] e man-
sarde[18].

Nel 1800 Torino fu al centro
del Risorgimento[19]. I Savoia,
infatti, ascoltarono le richieste
di indipendenza, libertà e unità che venivano da molte parti
d'Italia, dominate dagli stranieri, e fecero alcune guerre per
raggiungere questi scopi. Così,
nel 1861, i sovrani* del Piemonte divennero re d'Italia e
Torino fu la capitale del nuovo Regno.

Quattro anni dopo però la capitale fu trasferita a Firenze;
poi, nel 1871, a Roma, e Torino perse gran parte della sua
importanza politica ed economica.

Alla fine dell'800, la nascita
della FIAT e, dopo, il grande
sviluppo di questa azienda
hanno restituito alla città piemontese la sua importanza.
Oggi Torino è di nuovo una
capitale: la capitale dell'automobile.

Torino:
la capitale dell'automobile

La FIAT, Fabbrica Italiana
Automobili Torino, quando
nacque, nel 1899 con Giovanni Agnelli, non aveva che una
cinquantina[20] di operai, ma
alla fine della prima guerra
mondiale ne aveva già più di

Palazzo Carignano a Torino, sede
del Museo Nazionale del
Risorgimento.

10.000 e Torino era diventata
la «capitale dell'automobile».
La FIAT fu per poco tempo
una fabbrica di sole automobili. Molto presto si dedicò alla produzione di motori per le
navi e per i primi aeroplani e in
seguito, insieme alle automobili, cominciò a produrre trattori*, camion, autobus, vagoni
ferroviari, macchine utensili[21].
Oggi la produzione della FIAT
può dirsi a ciclo completo, perché va dalla materia prima (acciaio) al prodotto finito. È la
maggiore industria italiana e,
nel settore automobilistico,
una delle prime al mondo. Vi
lavorano circa 200.000 dipendenti in 45 stabilimenti, 22 dei
quali sono nella provincia di
Torino, il resto in altre regioni italiane, anche nel Sud.
A Torino lavorano così circa i
2/3 dei dipendenti della FIAT,

16. neoclassico: appartenente al neo-
classicismo, una tendenza artistica della
seconda metà del '700 e dei primi del-
l'800 ispirata alla «perfezione» classica.

17. portico: costruzione delimitata, su
uno o più lati, da una serie di colonne.
Può avere funzione monumentale, di passeggiata coperta, di luogo dove può far-
si un mercato, una fiera.

18. mansarda: piccola abitazione dalle
pareti oblique perché si trova direttamente
sotto il tetto.

19. Risorgimento: periodo storico che
vide l'affermazione dell'indipendenza e
dell'unità d'Italia (1815-1871).

20. cinquantina: gruppo di 50 o circa 50.
Nello stesso senso si dice decina, ventina, trentina, ecc. Si dice poi un centinaio
(circa 100), due centinaia, tre centinaia,
ecc., e un migliaio, due migliaia, ecc.

21. macchina utensile: si dicono «macchine utensili» tutte quelle usate per la lavorazione dei vari materiali, come il tor-
nio, la fresatrice, il laminatoio, ecc.

Gli stabilimenti della FIAT a Torino.

in gran parte immigrati[22], e la città, oltre all'onore di essere nuovamente una «capitale», ha anche molti problemi.

La produzione automobilistica di questa industria è di oltre un milione di autovetture all'anno ed è destinata, per circa il 50%, all'estero.

Attraverso la partecipazione, diretta o indiretta, a varie industrie soprattutto di accessori per auto, ma anche di diverso tipo, la FIAT controlla* gran parte dell'economia italiana. Possiede o controlla stabilimenti anche all'estero, in una quarantina di paesi di tutti i continenti, dalla Polonia alla Spagna e all'Argentina.

Torino: i suoi problemi

In Piemonte l'importanza del capoluogo di regione, Torino, è per motivi storici, economici e demografici[23] molto più grande di quella delle altre città, capoluoghi di provincia (Alessandria, Novara, Asti, Vercelli, Cuneo).
Più di un quarto degli abitanti della regione (1.200.000 su 4.542.000) risiedono* infatti

nella città di Torino, più della metà nella sua provincia.

L'aumento della popolazione non è stato graduale*, ma fortissimo negli anni '50 e '60 quando sono giunti circa 80.000 meridionali[24] all'anno in cerca di lavoro. Torino non era preparata a ricevere un numero così alto di immigrati e ben presto sono state insufficienti le abitazioni, i trasporti pubblici, le scuole, gli ospedali. Anche per queste ragioni la vita degli immigrati in questa città non è stata e non è molto bella.

Per loro non c'è solo la fatica quotidiana del lavoro in fabbrica, ma anche appartamenti piccoli e scomodi*, lontani dal posto di lavoro, la nostalgia della propria terra, e spesso l'ostilità* dei torinesi che molto a lungo hanno rifiutato di comprendere la diversa cultura dei meridionali.

Oggi gli immigrati sono stati, almeno in parte, accettati dai «torinesi veri», ma rimangono per la città grossi problemi da risolvere. Perciò gli operai, negli ultimi anni, si sono battuti* per migliorare le strutture sociali (ospedali, scuole, giardini,

22. immigrato: si definisce «immigrato» la persona che è andata a vivere e a lavorare in un determinato luogo, provenendo da un paese straniero o da altra regione dello stesso paese. La stessa persona, nel paese di origine, si definisce «emigrato».

23. demografico: relativo all'aspetto quantitativo della popolazione.

24. meridionale: persona che abita o viene dal Sud d'Italia detto anche Mezzogiorno o Meridione. Il termine si usa anche come aggettivo (l'Italia meridionale, le città meridionali, ecc.). Si definiscono invece settentrionali gli abitanti del Nord o coloro che ne provengono. L'Italia del Nord viene detta anche Settentrione.

ecc.) e per ridurre* l'inquinamento[25] dell'ambiente di lavoro e dell'intera città.

L'emigrazione

L'emigrazione interna è la prova più chiara della diversità di sviluppo* fra zone e regioni italiane e soprattutto della migliore situazione economica del Settentrione rispetto al Meridione. Infatti molti italiani si sono spostati*, fra gli anni '50 e '70, da Sud a Nord. In un solo anno, nel 1968, sono immigrate nelle regioni settentrionali che offrivano più lavoro (Piemonte, Liguria, Lombardia) più di 355.000 persone di altre regioni; di esse 183.000 venivano dal Meridione!

Le scarse possibilità di lavoro, le condizioni di vita dure hanno costretto molti a lasciare il paese di origine e a trasformarsi da braccianti agricoli[26] in operai delle grandi industrie di Torino, Milano, Genova, o in uscieri* di uno dei numerosissimi uffici di Roma. Tutti sono partiti con la speranza di avere un regolare contratto di lavoro[27] con tutti i suoi vantaggi, ma non pochi hanno dovuto accettare lavori saltuari*, magari pericolosi e mal pagati. Ci sono stati poi per tutti i problemi dell'adattamento* nel nuovo ambiente, talvolta ostile, di cui abbiamo parlato a proposito di Torino e che non sono ancora completamente risolti, neppure per i figli degli immigrati, troppo spesso emarginati* dalla scuola che non riesce ad essere per «tutti».

Se l'emigrazione interna si è manifestata soprattutto nei venti anni che vanno dal 1950 al 1970 circa, quella verso paesi stranieri è iniziata più di un secolo fa e sono milioni gli italiani che in centodieci anni sono andati all'estero in cerca di lavoro.

Fino alla seconda guerra mondiale sono emigrati soprattutto negli Stati Uniti d'America e nell'America Latina, tanto che oggi, in città come Buenos Aires o San Paolo del Brasile, vi sono interi quartieri abitati da famiglie di origine italiana. E sono stati forse questi gli emigrati che hanno avuto maggiore fortuna.

Alcuni di essi sono tornati e con i dollari hanno comprato quella terra sulla quale i loro padri avevano faticato* come braccianti. I più sono diventati «americani» ed hanno raggiunto, generalmente con il commercio, buone condizioni di vita.

Dopo la seconda guerra mondiale gli italiani in cerca di lavoro non sono più partiti con la nave, ma con il treno, verso la Francia, il Belgio, la Germania e la Svizzera. La vita per loro non è stata e non è facile anche se vi sono stati, negli ultimi anni, dei miglioramenti. C'è la nostalgia, l'ignoranza della lingua, delle leggi e delle abitudini dei paesi «stranieri», un lavoro pesante e non sempre regolare, l'ostilità della gente del posto, spesso la tristezza delle baracche*.

Oggi, negli anni '80, con la crisi economica generale, è diventato molto difficile trovare un lavoro anche nelle regioni italiane e nelle nazioni europee maggiormente industrializzate; l'emigrazione si è così quasi del tutto fermata.

25. inquinamento: modificazione negativa di una sostanza o elemento vitale (aria, acqua, ecc.) causata da germi o sostanze nocive.

26. bracciante agricolo: chi svolge, in un'azienda agricola, i lavori stagionali e riceve perciò un salario (paga, stipendio, compenso) solo in alcuni mesi dell'anno.

27. contratto di lavoro: è l'accordo con il quale vengono stabilite le norme che regolano i rapporti relativi ad un determinato lavoro.

Valle d'Aosta

Superficie: 3.262 kmq
Popolazione: 115.000 ab.
Densità: 35 ab. per kmq
Capoluogo di regione: Aosta (39.000 ab.)

Una regione tutta montuosa

La Valle d'Aosta è la più piccola regione d'Italia, ed ha una sola provincia, Aosta.
Su una superficie di 3.262 kmq vivono 115.000 persone, e pertanto la densità di popolazione[1] è molto scarsa.
Ricordiamo che la densità media dell'intera nazione è di 188 ab. per kmq e quella della regione più densamente popolata, la Campania, addirittura di 395 ab. per kmq!
Il territorio della regione è una grande valle, attraversata da un affluente[2] del Po, la Dora Baltea. Vi sono anche altre piccole valli, ma per la maggior parte, il territorio è costituito dai monti.
Si trovano qui le montagne più alte della catena delle Alpi: il monte Bianco è il maggiore con i suoi 4.810 metri di altezza, ma anche il Cervino, chiamato il «Signore delle Alpi» per la sua grande bellezza ed eleganza, il monte Rosa, il Gran Paradiso superano i 4.000 metri, e non sono pochi i monti che superano i 3.000. Negli ultimi venti anni le comunicazioni fra la Valle d'Aosta e il resto dell'Italia sono state molto facilitate dall'autostrada Aosta-Ivrea, così come quelle con la Svizzera e la

1. *densità di popolazione*: rapporto fra abitanti e superficie.
2. *affluente*: fiume le cui acque non sfociano in mare, ma in un altro fiume.

Il Monte Bianco, la montagna più alta d'Europa (4810 m).

Francia dai trafori[3] del Gran San Bernardo e del Monte Bianco. Prima la Valle d'Aosta era una terra da cui era difficile passare sia in Francia che in Italia.

Per questo i suoi abitanti hanno appreso una cultura e delle tradizioni miste, con una maggiore presenza di quelle francesi; si parla infatti soprattutto il *patuà* che è un dialetto[4] francese.

Oggi la Valle d'Aosta è una regione a «statuto speciale», ha cioè autonomia maggiore delle altre regioni; sia il francese che l'italiano sono lingue ufficiali* e la maggior parte della popolazione è bilingue*.

Allevamento e turismo

Con tante alte montagne, la Valle d'Aosta è molto ricca di acque; gran parte di esse vengono utilizzate per produrre energia idroelettrica, utilizzata* per circa 3/4 nelle altre regioni. L'industria locale infatti non è molto sviluppata; sono

abbastanza importanti solo lo stabilimento siderurgico[5] di Cogne e quello per la fabbricazione delle fibre tessili artificiali[6] di Châtillon.

Anche l'agricoltura, in questa regione, ha poche possibilità, perché terreno e clima non sono molto favorevoli*.

Nella vita economica della Valle d'Aosta è invece importante l'allevamento. Si allevano soprattutto bovini da latte, mucche, che in estate vengono portate al pascolo* in alta montagna.

I pastori* vivono in abitazioni, dette «baite», costruite in legno e in pietra, e solo in autunno tornano a valle con le loro mucche. Gran parte del latte prodotto viene lavorato per fare burro e formaggio. Tra i formaggi è famosa la «fontina», che deve il suo gusto particolare alla ricchezza di erbe aromatiche* dei pascoli alpini.

Da circa venti anni nell'economia della regione ha molta importanza anche il turismo. In estate vanno in Valle d'Aosta turisti, italiani e stranieri, che

Il castello di Fénis, uno dei più belli della Valle d'Aosta.

3. traforo: galleria scavata attraverso una montagna, per consentire il passaggio di strade e ferrovie.

4. dialetto: lingua regionale, o locale, in una nazione in cui esiste una lingua ufficiale.

5. stabilimento siderurgico: la parola *stabilimento* indica un qualsiasi edificio creato per la lavorazione industriale. In uno stabilimento siderurgico si produce l'acciaio.

6. fibre tessili artificiali: sono fibre tessili tutti quei prodotti che possono essere trasformati in filati e tessuti. Sono fibre tessili naturali la seta, il lino, il cotone, ecc. Sono artificiali quelle che non si trovano in natura, ma vengono ottenute con mezzi tecnici.

amano l'aria e il paesaggio di montagna, alpinisti che vogliono raggiungere le vette; in inverno arrivano, sempre più numerosi, gli sciatori. Per favorire il turismo si sono fatte strade più comode, alberghi, funivie, seggiovie. Saint Vincent, con il suo casinò, è un centro importante di spettacoli.

Altre località, come Cervinia e Courmayeur, sono diventate cittadine rumorose, piene di alberghi, ristoranti, negozi eleganti e gente in vacanza.

Così la Valle d'Aosta non ha più un paesaggio incontaminato*, protetto dalle sue altissime montagne. È però più ricca, e anche in inverno si possono facilmente raggiungere tutti i paesi, con grandi vantaggi per la popolazione.

Il Parco Nazionale del Gran Paradiso

Il Parco Nazionale del Gran Paradiso si trova per metà nella Valle d'Aosta e per metà in Piemonte. È il più antico d'Italia ed occupa 55.873 ettari[7]. L'ambiente, tipicamente alpino, comprende 50 ghiacciai su montagne alte più di 3.000 metri, laghi e corsi d'acqua che formano talvolta delle cascate. Qui vivono, sotto la protezione* dei guardiani*, piante e animali rari. Ci sono fiori come l'*artemisia dei ghiacciai*, la *linea boreale*, la *primula pedemontana*, animali da pelliccia come la *marmotta*, la *volpe*, l'*ermellino*, uccelli come il *corvo imperiale*, la *coturnice*, la bellissima e rarissima *aquila imperiale* e, soprattutto il *camoscio* e lo *stambecco* che è un po' il simbolo* del Parco.

Nel 1800 lo stambecco era quasi scomparso dalle Alpi e di questo animale era rimasto un solo branco*, sul Gran Paradiso; da esso discendono i 3.000 stambecchi che si trovano oggi nel Parco.

Gli stambecchi sono capre selvatiche*, con grandi corna. Vivono sopra i 2.000 metri, in branchi; solo i vecchi stanno da soli.

Mangiano erba e, in inverno, muschi[8] e aghi di pino. La durata della loro vita è di circa venti anni.

Animali del Parco: la marmotta, il camoscio e lo stambecco.

7. ettaro: misura di superficie agraria equivalente a un quadrato di 100 metri di lato.

8. muschi: classe di piante, viventi per lo più sul terreno umido, sulle rocce e sui tronchi d'albero.

Liguria

Superficie: 5.413 kmq

Popolazione: 1.870.000 ab.

Densità: 345 ab. per kmq

Capoluogo di regione: Genova (804.000 ab.)

Capoluoghi di provincia: La Spezia (122.000 ab.), Savona (80.000 ab.), Imperia (42.000 ab.)

Una regione stretta tra i monti e il mare

La Liguria ha un territorio a forma di striscia* ricurva*, stretta fra i monti e il mare: a Sud il mar Ligure, a Nord le Alpi Marittime e gli Appennini Liguri.

Le montagne non sono molto alte; le Alpi Marittime raramente superano i 2.000 metri e gli Appennini hanno altezze medie di 1.000 metri.

L'Appennino Ligure è il primo tratto degli Appennini, catena montuosa che attraversa l'intera penisola italiana, da Nord a Sud.

Gli Appennini sono monti di origine meno antica delle Alpi, ma poiché sono formati di materiali più teneri, le piogge e i venti hanno dato loro forme più dolci e rotonde.

I corsi d'acqua, poiché le montagne sono tanto vicine al mare, sono torrenti, quasi asciutti d'estate e troppo pieni in primavera; fra questi ricordiamo il Polcevera, il Bisagno, il Vera.

La Liguria è dunque una regione montuosa che comunica con le regioni vicine attraverso alcuni valichi[1], oppure attraverso il mare che i liguri hanno saputo sfruttare molto bene.

Con i suoi 5.413 kmq di superficie è una delle regioni più piccole d'Italia (hanno una superficie minore solo la Valle d'Aosta, kmq 3.262 e il Molise, kmq 4.438), ma è, dopo la Campania, la più densamente popolata. I suoi abitanti non sono mai stati montanari, ma per lo più marinai e commercianti; essi vivono prevalentemente sulla costa lungo cui si trovano numerosi golfi[2] e porti[3].

I liguri, un popolo di marinai

Non tutte le popolazioni che vivono lungo le coste si dedicano ad attività marinare; i sardi ad esempio non sono marinai, ma pastori. I liguri, invece, fin dall'antichità hanno le-

1. *valico*: il punto di un sistema montuoso che consente il passaggio con minore difficoltà.

2. *golfo*: avanzamento più o meno profondo e aperto del mare entro la terraferma.

3. *porto*: spazio di mare protetto (naturalmente o per opera dell'uomo) dove le navi possono approdare o sostare con sicurezza, al riparo dalle onde e dalle correnti.

gato le proprie attività al mare. La terra adatta alle coltivazioni era poca, le comunicazioni, anche fra due paesi non lontani fra loro, erano difficili per la disposizione particolare delle montagne. Così i liguri scelsero di diventare marinai e commercianti.

Nel Medioevo l'abbandono[4] delle strade, divenute pericolose specialmente per chi portava merci e denaro, favorì molto la navigazione[5] e lo sviluppo delle città o repubbliche marinare (Amalfi, Pisa, Genova, Venezia). Fra queste Genova era molto forte, tanto che riuscì a vincere Pisa e a dominare[6] tutto il Tirreno. Poi i genovesi vollero allargare* i loro commerci, e per più di cento anni furono in conflitto[7] con Venezia da cui vennero vinti nel 1381. Da allora la città di Genova cominciò a perdere la sua forza e la sua libertà. Ma intanto i genovesi erano

andati in terre lontane («I genovesi sono in tutto il mondo», si diceva nel '400) e avrebbero per primi raggiunto il Nuovo Continente. Nasceva infatti a Genova, nel 1451, Cristoforo Colombo, forse il più grande marinaio di tutti i tempi, che il 12 ottobre 1492 scoprì l'America.

Oggi la vita economica della Liguria non è più strettamente legata al mare e alla navigazione; industria e turismo sono molto sviluppati, e lo stesso settore agricolo, che occupa solo il 7,6% della popolazione attiva, dà buoni redditi.

Il porto di Genova

Il porto di Genova è il più importante d'Italia e uno dei più importanti del Mediterraneo; il suo sviluppo è dovuto alla industrializzazione genovese e soprattutto alla vicinanza del-

4. **abbandono**: qui nel senso di mancanza di cure e di manutenzione.

5. **navigazione**: atto del navigare, cioè viaggiare sull'acqua con una nave o un altro mezzo nautico, ad esempio una barca a remi o a vela.

6. **dominare**: possedere un'autorità o un potere unico indiscusso. In senso più generale il verbo si usa per «essere padroni di...», «controllare». Così si dice ad esempio «dominare i propri impulsi» o «dominare una situazione».

7. **essere in conflitto**: essere in uno stato di contrasto, di lite. Quando il conflitto è armato si ha la guerra.

Genova: veduta del porto.

le grandi città industriali del Nord.

Il porto ligure è sempre affollato di navi che scaricano[8] materie prime arrivate da ogni parte del mondo: tronchi tagliati nelle foreste* africane, caffè, cotone e banane del Centro America, lana australiana, ecc.

Una parte della merce è immediatamente caricata su treni e autocarri* che la porteranno alle grandi industrie di Torino e di Milano, mentre un'altra parte va alle numerose industrie locali.

La Liguria è infatti una regione molto industrializzata e gran parte delle sue aziende si trovano attorno a Genova. Gli stabilimenti siderurgici Italsider a Cornigliano hanno un'importanza europea; i cantieri navali[9] Ansaldo a Sestri Ponente sono tra i maggiori d'Italia. E ci sono, a Genova, raffinerie di petrolio[10], industrie chimiche, tessili, alimentari, piccole e meno piccole che si trovano spesso troppo vicine alle abitazioni della periferia della città.

Nel porto di Genova si caricano i prodotti dell'industria ligure, piemontese e lombarda (automobili, vagoni ferroviari, elettrodomestici, macchine utensili e macchine da scrivere) che andranno nei paesi africani e in quelli del Sud America. Così circa 1/5 dei traffici[11] italiani con l'estero passano per il porto di Genova, ma esso, soprattutto per mancanza di spazio, nonostante gli sforzi fatti dai genovesi, è rimasto indietro rispetto ai grandi porti europei, ed è pure diminuita la sua importanza rispetto agli altri porti italiani.

Oggi i bacini[12] protetti dai moli sono insufficienti, a terra manca lo spazio per muovere le merci, gli autocarri e i vagoni ferroviari; accade spesso che le navi devono aspettare alcuni giorni al largo, prima di entrare nel porto, con grandi perdite economiche.

Poiché lo spazio disponibile non c'è, né per il porto né per lo sviluppo dell'industria e della stessa città, è necessario pensare a sempre migliori soluzioni tecniche e ad una migliore utilizzazione degli altri porti della regione, come quello di Savona e quello nuovo che si costruisce a Voltri, fra Genova e Savona.

Imperia, la provincia dei fiori

La provincia di Imperia, la più occidentale, confina con la Francia ed è lontana dalle zone liguri industrializzate. Per questo si sono sviluppati qui soprattutto il turismo e l'agricoltura che si dedica a colture pregiate come gli ortaggi e i fiori. Turismo e agricoltura sono favoriti da un clima particolarmente mite e asciutto.

Sui terreni troppo ripidi* per essere coltivati troviamo la «macchia mediterranea» con i suoi cespugli* di piante resistenti alla siccità* come le ginestre, i corbezzoli, i ginepri. I bellissimi boschi di pini e di lecci sono invece stati in gran parte distrutti a causa dei frequenti incendi o dei diboscamenti*, fatti dall'uomo per coltivare il terreno o, peggio, per costruire case e alberghi.

Dove i terreni sono meno ripidi i contadini, con grande pa-

8. scaricare: levare il carico, generalmente da un mezzo di trasporto. È il contrario di *caricare* che significa mettere merci su un mezzo di trasporto. Lo stesso verbo *caricare* si usa anche nel senso di riempire al fine di fare un rifornimento.

9. cantiere navale: l'insieme di stabilimenti e attrezzature per la costruzione e il varo delle navi.

10. raffineria di petrolio: l'insieme degli impianti per la trasformazione del petrolio grezzo in benzina, gasolio, ecc.

11. traffico: in questo caso indica il movimento delle merci fra l'Italia e l'estero. Il termine si usa comunemente per indicare il movimento di persone e veicoli in una strada e il movimento di specifici mezzi di trasporto. Può avere anche il significato di commercio, per lo più di cose illecite; si dice ad esempio «traffico di droga».

12. bacino: specchio d'acqua riparato naturalmente o artificialmente. Si chiamano «moli» le costruzioni in muratura destinate a proteggere i bacini del porto.

La floricoltura in serra nella provincia di Imperia.

zienza, hanno fatto delle terrazze[13], vi hanno trasportato terra fertile* e vi hanno costruito muretti di protezione. In queste terrazze vengono coltivati ortaggi, alberi da frutta, ma soprattutto fiori. Più della metà della produzione italiana di fiori è ligure e soprattutto della zona tra Sanremo e Ventimiglia, chiamata giustamente Riviera dei fiori. Qui, in ogni stagione, fioriscono rose e garofani dagli splendidi colori. Con il sistema delle serre[14] a vetri si ha una produzione di fiori continua, e si possono coltivare anche piante e fiori pregiati che vogliono molto caldo o molta umidità. La domanda del mercato delle grandi città del Nord come Milano e Torino, ma anche Zurigo e Monaco, non rispetta le stagioni; vuole rose e viole soprattutto a Natale e non si accontenta dei fiori più comuni. Così la floricoltura* è un settore redditizio, ma richiede continue spese per le serre, i sistemi di irrigazione e la spedi-

zione della merce. Orchidee, rose, viole e mimose possono infatti viaggiare solo con mezzi rapidi e devono essere trattate con particolare cura. I piccoli proprietari liguri, coltivatori di fiori, non hanno una vita facile. Quando i grandi floricoltori olandesi abbassano i prezzi si ha una crisi in tutto il settore; qualcuno, più in difficoltà di altri, deve cedere la proprietà e molte rose rimangono a sfiorire sulle colline di Imperia.

Viaggio in Liguria

Le coste liguri, nonostante le speculazioni edilizie[15] che hanno rovinato larghe parti del paesaggio, sono molto belle. La costa ad occidente di Genova si chiama Riviera di Ponente; qui, a Ponte San Luigi, si può visitare il famoso giardino Hambury, ricco di piante rarissime di ogni paese del mondo. Sanremo è una nota cittadina, affollata di turisti sia in inver-

13. terrazza: qui si intende il piano ottenuto artificialmente in un terreno abbastanza ripido e che viene generalmente protetto da un piccolo muro (muretto) di pietre.

14. serra: ambiente chiuso, di solito protetto da grandi vetrate per avere molta luce, dove si coltivano le piante.

15. speculazione edilizia: operazioni di vario genere per cui si sono costruiti edifici, alla ricerca esclusiva di facili guadagni.

no che in estate per il clima straordinariamente mite. Fino a quaranta anni fa era una località molto bella con le sue strade e le sue piazze ricche di piante e di fiori, il mare azzurro che si vedeva da tutti i punti della città. Poi la costruzione di case e soprattutto di grandi alberghi non ha, purtroppo, rispettato le bellezze naturali. La Riviera di Levante, tra Genova e La Spezia, non ha spiagge sabbiose, ma rocce, talvolta alte sul mare, e ha molte località famose per la loro bellezza.

Il viaggio lungo la Riviera di Levante potrebbe cominciare da Nervi, località del comune di Genova, dove si possono vedere i bellissimi giardini e continuare con una visita a Camogli, piccolo centro di pescatori non molto contaminato dal turismo di massa[16].

Portofino è in una posizione splendida, ma meno splendido è il forte contrasto fra le abitazioni dei vecchi pescatori e le ville e le imbarcazioni dei miliardari*.

Del tutto rovinate dalla speculazione edilizia sono Rapallo e Santa Margherita, tanto che il verbo «rapallizzare» è divenuto sinonimo di pessimo gusto architettonico.

Il paesaggio più pittoresco* si trova nella provincia di La Spezia dove spesso la montagna arriva proprio fino al mare; il pochissimo spazio disponibile non ha permesso il turismo di

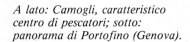

16. massa: moltitudine di persone. Si intende perciò per turismo di massa un turismo che interessa un numero molto elevato di persone.

A lato: Camogli, caratteristico centro di pescatori; sotto: panorama di Portofino (Genova).

massa e per questo molte località hanno conservato il loro
aspetto caratteristico.
Qui troviamo Lerici e le Cinque Terre che si possono raggiungere solo per mare o per
ferrovia o a piedi, ma la passeggiata è bellissima tra le aga-
vi[17], gli ulivi e le viti (lo Sciac-
chetrà è un famoso vino delle
Cinque Terre); i piccoli centri
(Monterosso, Vernazza, Cor-

niglia, Manarola, Riomaggio-
re) sono angoli di natura in-
contaminata.
Portovenere, secondo quanto
si racconta, era una cittadina sicura e non raggiungibile
per via terra, dove i pirati Saraceni tenevano le loro donne.
Oggi non ci sono più pirati, ma
buoni spettacoli all'aperto in
una cornice naturale bellissima.

17. *agave*: pianta erbacea molto grande
ed elegante; ha foglie rigide ed acuminate
di colore verde argentato. Cresce bene vicino al mare, perché vuole un clima caldo e asciutto. Viene utilizzata per ricavare una fibra tessile.

*Vernazza, uno dei comuni delle
Cinque Terre.*

Lombardia

Superficie: 23.850 kmq

Popolazione: 8.870.000 ab.

Densità: 371 ab. per kmq

Capoluogo di regione: Milano (1.722.000 ab.)

Capoluoghi di provincia: Brescia (216.000 ab.), Bergamo (132.000 ab.), Como (99.000 ab.), Pavia (90.000 ab.), Varese (90.000 ab.), Cremona (84.000 ab.), Mantova (66.000 ab.), Sondrio (23.000 ab.)

L'acqua, protagonista della Lombardia

La Lombardia occupa la parte migliore della Valle Padana; il suo territorio è per il 47% pianura, per il 41% montagna e per il 12% collina. Non c'è il mare, ma è proprio l'acqua la protagonista di questa regione. Nella zona delle Prealpi, catena di montagne parallele alle vere e proprie Alpi Lombarde, troviamo i laghi, tutti di origine glaciale. La loro presenza rende il clima mite. Se andiamo dal Piemonte al Veneto troviamo il Lago Maggiore, che separa il Piemonte dalla Lombardia, il Lago di Varese, il Lago di Lugano, posto per la maggior parte in territorio svizzero, il Lago d'Iseo, il Lago d'Idro, il Lago di Garda che separa la Lombardia dal V.eneto. La vegetazione spontanea della zona è quella tipica della macchia mediterranea; vi si coltivano viti, olivi e anche agrumi[1]. Le coste dei laghi, verdi d'inverno e fiorite d'estate di splendide magnolie, camelie e azalee, sono fittamente abitate e affollate di turisti. La località più famosa è Sirmione, ricordata dal poeta romano Catullo.

Ci sono poi i fiumi, numerosi e ricchi d'acqua. Tutti i fiumi maggiori, che sono affluenti di sinistra del Po (Ticino, Adda, Oglio, Mincio), escono da grandi laghi; scorrono perciò tranquilli e regolari* in pianura e sono per la regione una vera ricchezza.

1. **agrumi**: con questo termine si indicano le piante appartenenti ad un genere detto *Citrus* e i loro frutti succosi e dal sapore più o meno agro. Le più coltivate in Italia (soprattutto in Sicilia e in Calabria) sono il limone, l'arancio, il mandarino, il bergamotto, il cedro, il pompelmo.

Bellagio, sul lago di Como.

Ci sono infine le piogge, molto abbondanti in tutta la Lombardia, che creano nella pianura padana i «fontanili» o «risorgive».

L'acqua piovana, nell'alta pianura, a nord di Milano, trova un terreno permeabile* che la fa penetrare* in profondità; questa stessa acqua, a sud di Milano, nei punti in cui incontra una roccia impermeabile, esce dalla terra. A questa acqua si dà appunto il nome di «risorgiva» ed è molto importante per l'agricoltura.

C'è tuttavia un aspetto negativo di tanta umidità: la nebbia, caratteristica di tutta la Val Padana. La nebbia ha una presenza media alta in tutta la Lombardia (di oltre 70 giorni all'anno a Mantova!) e crea molti problemi, soprattutto agli automobilisti.

Quel ramo del lago di Como...

Tutti in Italia conoscono il lago di Como non tanto per le sue bellezze naturali, quanto perché uno dei maggiori scrittori italiani del sec. XIX, Alessandro Manzoni, ne parla nel suo romanzo *I promessi sposi* che inizia proprio con queste parole: «Quel ramo del lago di Como che volge a mezzogiorno...». Alessandro Manzoni nacque a Milano nel 1785 e visse per lo più nella stessa città. Si occupò soprattutto di letteratura e, solo da lontano, degli avvenimenti politici del suo tempo[2].

Scrisse varie opere, in versi e in prosa; morì nel 1873.

I promessi sposi è l'opera più famosa di Manzoni e forse il

Mantova: il Palazzo Ducale.

romanzo italiano più conosciuto. Parla di due giovani, Renzo e Lucia, che stanno per sposarsi. Essi vivono in Lombardia, presso il lago di Como, nel sec. XVII, quando in questa regione c'era la dominazione spagnola. Nel paese di Renzo e Lucia c'è un potente signore spagnolo, Don Rodrigo, che non vuole il matrimonio dei due giovani i quali si sposano solo dopo molte difficoltà.

Questo romanzo è molto importante nella letteratura italiana, in quanto è il primo romanzo «realista». Si parla infatti della vita reale di due persone qualunque, semplici e povere in un periodo storico preciso (la guerra dei Trent'anni e la peste a Milano).

A. Manzoni, nei *Promessi sposi*, è stato anche un abilissimo creatore di personaggi, descritti con molti particolari e fine* umorismo[3]. Così il vocabolario italiano indica con il nome di «perpetua» la donna di servizio di un prete. E Perpetua non era altro che il nome della serva di Don Abbondio, il povero prete di campagna che avrebbe dovuto sposare Renzo e Lucia.

Ma, a parte *I promessi sposi*, il lago di Como merita di essere visto, perché è molto bello;

2. Ricordiamo che erano gli anni del Risorgimento.

3. *umorismo*: è un modo di vedere, interpretare e presentare la realtà ponendone in risalto gli aspetti o i lati poco comuni e divertenti. Si dice comunemente che una persona ha o non ha il senso dell'umorismo. Con lo stesso significato si può dire che uno è non è una persona di spirito.

sulle sue rive ci sono ville con meravigliosi giardini e varie località, come Bellagio, frequentate da numerosi turisti, specialmente stranieri.

La città di Como si trova nella parte occidentale del lago ed è circondata da monti. Per la sua posizione di confine verso Chiasso e la Svizzera è un importante centro commerciale. In tutta la provincia, la principale attività è la tessitura* della seta.

Un'agricoltura veramente ricca

Molti sono i fattori che hanno fatto e fanno della Lombardia la regione agricola più ricca d'Italia.

Nella bassa pianura padana, soprattutto nella zona di Lodi e nelle province di Pavia, Cremona e Mantova il terreno, di origine alluvionale[4], è molto fertile. Il clima è umido, con molte piogge.

C'è stato poi, attraverso i secoli, un «buon lavoro» degli uomini. Poco dopo il 1000 già si sfruttavano le acque dei fontanili e si costruivano i primi canali; si sono poi continuate a impiegare, nell'agricoltura, le tecniche più moderne. Oggi si fa largo uso di macchine agricole e concimi chimici; si lega inoltre strettamente la coltivazione con l'allevamento del bestiame e con le industrie alimentari.

Così la Lombardia è al primo posto in Italia per la produzione di foraggi[5], per l'allevamento dei bovini e per la produzione di latte, al secondo posto per il grano, il mais e il riso. Per quanto riguarda il grano il rendimento per ettaro è superiore a quello di qualsiasi altra regione italiana. In Lombardia si producono 40 quintali di grano per ettaro, in Emilia-Romagna meno di 37, nelle regioni meridionali e insulari da 13 a 18!

Molto grano viene utilizzato

4. *alluvionale*: si dice di un terreno formato per deposito di materiali trasportati dai corsi d'acqua.

5. *foraggio*: si indica con questo nome l'erba o, più in generale, i prodotti vegetali destinati all'alimentazione del bestiame.

La famosa abbazia di Chiaravalle nei pressi di Milano.

nella regione dalle numerose industrie di pasta e di dolci. Tutti conoscono la Motta e l'Alemagna, famose per il «panettone», tipico dolce milanese, molto buono. Il panettone è come un grosso pane, alto e leggero, fatto con farina, uova, burro, uva secca, e frutta candita[6]; tutti gli italiani lo mangiano il giorno di Natale.

Stalle come fabbriche

La Lombardia è al primo posto nella produzione di foraggi; tanta abbondanza è dovuta soprattutto alle risorgive. L'acqua sorgiva non gela neppure nei mesi più freddi, così si coprono i prati con un velo sottile di essa e l'erba cresce continuamente anche d'inverno. È il sistema detto delle «marcite» che permette di tagliare l'erba

ogni due mesi o di avere sempre pascoli verdi in cui far mangiare liberamente il bestiame.

La Lombardia è perciò anche al primo posto nell'allevamento dei bovini con 1/5 dell'intera produzione nazionale. Si allevano soprattutto mucche, cioè bovini da latte che danno quasi 1/3 di tutto il latte italiano.

L'allevamento dà ottimi guadagni non solo perché c'è tanto foraggio, ma anche perché si usano tutti i più moderni mezzi tecnici del settore. Nelle stalle tutto è meccanizzato; la mungitura[7] è automatica, ogni mucca ha il suo posto, riservato ed obbligato[8], la sua porzione esatta di foraggio e l'acqua che scorre quando l'animale si avvicina per bere. C'è la massima pulizia, la massima cura per i piccoli, il riscalda-

6. *frutta candita*: è frutta preparata per immersione e cottura in vari sciroppi concentrati per rivestirla di zucchero. Si usa soprattutto per preparare e decorare i dolci.

7. *mungitura*: operazione del mungere, cioè dello spremere il latte dalle mammelle.

8. *obbligato*: da obbligare, cioè costringere. Si dice che è obbligato un posto che non si può evitare o cambiare.

Un aspetto della campagna lombarda: «le marcite».

Allevamento di bovini in una moderna stalla della Lombardia.

mento, e qualche volta una buona musica di Beethoven che, così dicono, fa aumentare la produzione giornaliera di latte.

Stalle come fabbriche dunque, ma anche come salotti[9]!

Il latte viene in gran parte lavorato nella stessa Lombardia, dove è sviluppatissima l'industria dei latticini. Tra i formaggi più famosi ricordiamo il taleggio, lo stracchino e il gorgonzola, che ha lo stesso nome di una piccola città vicina a Milano.

Quello che rimane della lavorazione del latte viene utilizzato per allevare suini, il numero dei quali è inferiore solo a quello dell'Emilia-Romagna. La carne dei suini viene lavorata nelle numerose industrie lombarde di salumi e trasformata in prosciutti, salami e cotechini che si mangiano in tutto il mondo.

Molte, moltissime industrie

La Lombardia, oltre ad essere la regione agricola più ricca d'Italia, è anche quella che ha il maggiore sviluppo di industrie.

Già alla fine del secolo Milano era un importantissimo centro industriale e finanziario[10]; in seguito l'industrializzazione della città è cresciuta al massimo.

A Milano, a differenza di Torino, non c'è una sola grande industria come la Fiat, ma si fa quasi di tutto. C'è la maggiore azienda italiana della gomma, la Pirelli, e c'è la Montedison, la più grande industria del settore chimico. Si fanno anche automobili, macchine elettroniche, vestiti, libri, dolci, medicine, ecc.

A Milano si svolge ogni anno una delle più importanti fiere campionarie d'Europa; essa occupa uno spazio di 400.000 mq, nel quale vengono esposti «campioni» o modelli di macchine per l'industria di tutto il mondo.

Ci sono poi le industrie dei centri periferici come le acciaierie Breda e Falck a Sesto San Giovanni e la Magneti Marelli, grossa industria elettrotecnica, a Crescenzago.

Anche Varese, Como, Bergamo e Brescia sono province molto industrializzate. A Como si lavora soprattutto la seta; nella sua provincia troviamo Lecco dove ci sono molti stabilimenti siderurgici, meccanici, tessili, e Cantù, famosissima per i suoi mobilifici.

Brescia è nota soprattutto per

9. *salotto*: ambiente della casa dove si fa conversazione, si ricevono gli ospiti, si svolgono le feste di una famiglia. Le espressioni «fare salotto» o «fare discorsi da salotto» significano parlare di cose senza importanza.

10. *finanziario*: relativo alla finanza, al denaro. A Milano hanno sede alcune delle banche più importanti d'Italia. Sono molto attivi la Borsa e il Mercato azionario.

l'industria delle armi e del tondino[11].

A Bergamo vi sono importanti stabilimenti siderurgici, tessili e del cemento.

Varese è la provincia più industrializzata d'Italia e ha moltissime piccole industrie che producono beni di consumo come scarpe, elettrodomestici, motociclette, ecc.

Sì, in Lombardia si fa proprio di tutto...

Ricordiamo ancora un oggetto molto particolare prodotto a Cremona: il violino. E non a caso si fanno violini a Cremona; è vissuto qui infatti fra il XVII e il XVIII sec. Antonio Stradivari che, come tutti sanno, ha costruito i migliori violini del mondo.

Oggi, in questa città, ci sono ancora molti liutai (si chiamano così le persone che fanno i violini) e una scuola di liuteria molto famosa, dove studenti italiani e stranieri imparano a costruire violini ed altri strumenti musicali a corde[12].

Milano, capitale del benessere

Milano è la capitale industriale, economica e finanziaria non solo della Lombardia, ma dell'intera Italia. Il reddito della sua provincia è il più alto della nazione.

Milano fu un centro importante al tempo dell'impero romano, ma fu distrutta nel sec. V e sotto i longobardi, il popolo barbaro che ha dato il nome alla regione, la «capitale» fu Pavia. Dopo il 1000, durante l'età comunale, Milano riacquistò la sua forza e nei secoli

11. *tondino*: è il nome delle piccole barre di ferro usate nelle costruzioni in cemento armato.

12. *corda*: treccia di fili attorcigliati, usata per legare, tirare, sostenere. Si chiamano strumenti a corda quelli in cui il suono è prodotto da un filo, una corda, fatta opportunamente vibrare. Esistono molti modi di dire in cui ricorre la parola *corda*, come «tagliare la corda» che significa *scappare*.

Veduta di Milano con il famoso grattacielo «Pirelli».

successivi sia la sua popolazione sia la sua importanza economica continuarono ad aumentare.

È del 1200 la bellissima chiesa di Sant'Ambrogio; nel 1300 viene iniziata la costruzione del Duomo*. Durante la dominazione spagnola la città lombarda fu in particolare colpita da una forte crisi economica e sociale, crisi che continuò fino alla fine del '700; essa tornò ad essere nuovamente importante nell'età di Napoleone. Da allora la popolazione di Milano è sempre cresciuta in corrispondenza con lo sviluppo industriale e commerciale della città.

Alla fine del 1800 Milano, con 320.000 abitanti, era la seconda città italiana dopo Napoli; oggi è ancora la seconda, preceduta da Roma.

Milano forse non è bella, ma ha molte cose belle. Chi va per le vie di questa grande città vede gente che cammina sempre veloce, perché lavora molto e non vuole «perdere tempo», vede costruzioni modernissime vicino ad altre di tempi ormai molto lontani, tanti negozi con splendide vetrine piene di luci e di colori.

Il vero «centro» è costituito dalla piazza del Duomo, dalla Galleria e dalla piazza nella quale si trova il famosissimo teatro della Scala, forse il più importante del mondo per l'opera lirica[13]. Cantare alla Scala è il sogno di tutti i cantanti lirici.

Della Milano «da vedere» ricordiamo poi, oltre alla splendida chiesa di Sant'Ambrogio, il Castello sforzesco[14], il Museo di Brera, il Convento di Santa Maria delle Grazie dove

Milano: Sant'Ambrogio.

si trova *L'ultima Cena* di Leonardo[15], restaurato, circa un anno fa, con tecniche modernissime ed ottimi risultati.

I pendolari

Lo sviluppo economico ha richiamato in Lombardia, e particolarmente a Milano, una gran quantità di persone, soprattutto dal Sud.

Così, fra gli anni '50 e '70, si sono posti tutti i grossi problemi dell'immigrazione e prima di tutto quello della casa. Si sono costruite molte, moltissime case nella periferia di Milano la cui popolazione, in venti anni, è aumentata in misura molto grande.

Cinisello Balsamo, che si trova a 12 km a Nord di Milano, nel 1951 aveva 15.000 abitanti, nel 1961 più di 37.000, nel 1971 circa 80.000.

Da questi centri, chiamati appunto città-dormitorio, la gen-

13. *opera lirica*: si dice lirica la musica di teatro. Un'opera lirica o melodramma è un dramma teatrale cantato, con accompagnamento musicale. L'opera lirica si sviluppa e acquista importanza nella cultura generale soprattutto nel sec. XIX. In Italia, in questo secolo, vi sono molti grandi compositori di opere liriche. Ricordiamo Gioacchino Rossini, Gaetano Donizetti, Vincenzo Bellini, Giuseppe Verdi. Importanti maestri di questo genere musicale, con un'attività che si estende ai primi decenni del '900, sono stati anche Pietro Mascagni e Giacomo Puccini.

14. Gli Sforza tennero il Ducato di Milano dal 1450 al 1535. Essi invitarono alla propria corte molti uomini famosi del Rinascimento, fra questi Leonardo da Vinci che visse per lunghi periodi presso Ludovico Sforza, detto il Moro.

15. *L'ultima Cena* è uno dei dipinti più famosi di Leonardo. L'affresco rappresenta l'ultima cena di Gesù con gli apostoli nel momento in cui vengono dette le drammatiche parole: «Uno di voi mi tradirà». Splendida è la rappresentazione delle reazioni psicologiche degli apostoli. Leonardo da Vinci (nato a Vinci, Firenze, nel 1452 è morto in Francia nel 1515) fu pittore, scultore, architetto, ingegnere e filosofo, un vero genio polivalente. Di lui ci rimangono molte opere; la più famosa, il ritratto di donna chiamato *Gioconda*, si trova a Parigi, al Museo del Louvre.

te parte la mattina presto e rientra la sera, con il buio. Ogni giorno sono circa 500.000 i lavoratori che, con il treno, l'autobus e la metropolitana[16], arrivano nella grande Milano per lavorare negli uffici, nelle banche e nelle industrie. Ripartono la sera, sempre alla stessa ora, e per questo quotidiano «va e vieni» sono detti «pendolari». Così a Milano, in alcune ore del giorno, dette ore di punta, vi sono lunghe file di persone in attesa di treni ed autobus e, per le strade, lunghe file di automobili che rendono il traffico lento e difficile.

Il pendolare fa una vita molto faticosa, perché deve aggiungere alle otto ore di lavoro giornaliero tre o quattro ore, passate sui mezzi di trasporto, che vengono tolte al tempo libero, aumentano la stanchezza e non sono pagate.

Lotta all'inquinamento

Insieme ai problemi del forte affollamento, dei trasporti, del traffico, Milano e un po' tutta la Lombardia devono lottare contro l'inquinamento.

A Milano l'aria, ormai da molto tempo, è fortemente inquinata dai fumi delle industrie, dei molti veicoli e del riscaldamento cittadino. Quando c'è nebbia l'inquinamento forma lo «smog», ma anche gli altri giorni, più o meno, l'aria inquinata sporca e rovina le costruzioni e le vie respiratorie[17] degli uomini.

L'inquinamento delle acque riguarda quasi tutta la regione (i fiumi di Milano: il Seveso, l'Olona, il Lambro sono ormai da molto tempo corsi d'acqua

Il Lambro, uno dei fiumi più inquinati della Lombardia.

completamente morti!) ed è molto grave anche perché buona parte della ricchezza della Lombardia viene, come già detto, dall'acqua. Già nel 1967 morirono i pesci del Lago di Varese a causa della tossicità[18] degli scarichi industriali. Oggi è quasi sparita del tutto ogni forma di vita dai fiumi e dai laghi lombardi che un tempo davano grosse quantità di pesce.

La popolazione della Lombardia si è mostrata molto sensibile verso i problemi ecologici[19]; la stampa locale ha diffuso* e sostenuto proposte concrete come quella di creare Parchi fluviali protetti nelle zone del Ticino, del Po e dell'Adda.

In questi ultimi anni si è cercato di ridurre l'inquinamento con depuratori[20] che diminuiscono lo smog e «puliscono» le acque di scarico, e con severi regolamenti imposti* alle industrie. Ma intanto c'è stato un fatto grave come quello di Seveso[21] e molti danni* non si possono riparare.

16. *metropolitana*: mezzo di trasporto che si muove su rotaie e collega il centro urbano con quello periferico delle grandi città. È generalmente sotterranea.

17. *vie respiratorie*: si chiamano vie respiratorie tutti gli organi che servono alla respirazione come il naso, la bocca, la trachea, i polmoni, ecc.

18. *tossicità*: caratteristica di alcune sostanze che possono agire per via chimica sull'organismo con effetti nocivi più o meno forti.

19. *ecologico*: relativo all'ecologia, scienza che studia i rapporti fra gli organismi viventi e l'ambiente circostante.

20. *depuratore*: apparecchio per l'eliminazione di sostanze nocive per lo più da liquidi o da gas.

21. *Seveso*: il 10 luglio 1976, per cause poco chiare, da un'industria chimica di Seveso, a pochi km da Milano, si è sviluppata una nube di diossina. Per la prima volta le conseguenze dell'inquinamento sono state così gravi che tutti i giornali hanno dovuto parlarne. Ci sono stati bambini colpiti da una grave malattia della pelle, molti animali morti e si sono dovuti allontanare gli abitanti di una vasta zona.

Trentino-Alto Adige

Superficie: 13.613 kmq

Popolazione: 870.000 ab.

Densità: 63 ab. per kmq

Capoluogo di regione: Trento (98.000 ab.)

Capoluogo di provincia: Bolzano (107.000 ab.)

Una regione molto «speciale» dove si parlano tre lingue

Il Trentino-Alto Adige è come la Valle d'Aosta una regione a statuto speciale, ma il suo è uno statuto ancora più speciale[1]. Questa regione è composta da due province, Trento e Bolzano, capoluoghi rispettivamente del Trentino e dell'Alto Adige.

Fino alla I guerra mondiale il territorio della provincia di Bolzano, abitato da popolazioni di lingua tedesca, faceva parte, insieme al Trentino, dell'Austria. Con la fine della guerra le due province furono comprese entro i confini dello Stato italiano e durante il periodo fascista[2] si cercò di imporre con la forza, alle popolazioni altoatesine, l'uso della lingua e dei costumi italiani. Dopo la II guerra mondiale vi furono anni di forti tensioni* nell'Alto Adige o Sud Tirolo (come preferiscono chiamarlo gli abitanti di lingua tedesca), che portarono anche a varie azioni di terrorismo[3]. Gli altoatesini rifiutavano qualsiasi forma di «italianità», mentre i governi italiani commisero molti errori che fecero aumentare il nazionalismo[4] tedesco. Oggi si è arrivati ad una soluzione soddisfacente* per gli abitanti del Sud Tirolo.
Non solo il Trentino-Alto Adige è una regione a statuto speciale, ma anche la due province di Trento e di Bolzano hanno ampia autonomia di deci-

1. Ricordiamo che la Costituzione Italiana attribuisce forme e condizioni particolari di autonomia, cioè uno «statuto speciale», alla Valle d'Aosta, al Trentino-Alto Adige, al Friuli-Venezia Giulia, alla Sicilia, e alla Sardegna.

2. *periodo fascista*: sono gli anni che vanno dal 1922 al 1943, in cui l'Italia fu governata da Benito Mussolini, capo del Partito fascista. Mussolini e gli uomini del suo partito, in poco tempo, eliminarono il Parlamento e instaurarono un governo dittatoriale che cadrà in seguito alle vicende della II guerra mondiale.

3. *terrorismo*: metodo violento di lotta politica che ricorre ad uccisioni, sabotaggi, attentati dinamitardi.

4. *nazionalismo*: ideologia o pratica ispirata all'esaltazione del concetto di nazione.

A lato: il castello del Buon Consiglio.

sione in molti settori come la scuola, l'amministrazione della giustizia, la difesa del paesaggio.

Nella provincia di Bolzano, dove la maggioranza della popolazione è, come abbiamo detto, di lingua tedesca, ci sono scuole nelle quali non si insegna in italiano ma in tedesco; tutti i documenti ufficiali, le indicazioni stradali, i nomi dei negozi ecc. sono bilingui. Gli altoatesini hanno un loro partito politico, il Südtiroler Volkspartei, che ha rappresentanti nel Parlamento italiano.

Nella regione, oltre all'italiano e al tedesco, si parla un'altra lingua: il ladino. È un dialetto neolatino, diffuso soprattutto nella zona della Val Gardena, simile ad altri dialetti che si parlano in alcune valli svizzere del Cantone dei Grigioni.

Quando i Germani, nei primi secoli dopo Cristo, arrivarono nelle Alpi e vi portarono la loro lingua e i loro costumi, alcune popolazioni romane riuscirono a ritirarsi nelle valli più interne e a vivere isolate * con la protezione delle montagne. È così che si è conservata intatta una lingua neolatina dei primi secoli dopo Cristo.

Troppe mele

Nel Trentino-Alto Adige il terreno che può essere coltivato è poco. Circa 1/7 del territorio è infatti improduttivo[5], un po' meno della metà è occupato da pascoli e boschi.

I grandi boschi di larici e abeti danno molto legname abbastanza pregiato.

In Val Gardena si è sviluppata un'arte interessante, legata allo sfruttamento dei boschi; ci sono qui infatti molti artigiani abilissimi che intagliano il legno per costruire mobili e statue.

Anche il clima, tipicamente alpino, non favorisce l'agricoltura, così quanto viene prodotto basta appena al consumo locale.

Negli ultimi quindici anni si è cercato di avere redditi migliori con alcune colture pregiate: alberi da frutta e viti.

Nelle poche zone con terreno e posizione più fertili ci sono soprattutto meli. Il melo è una pianta che si adatta bene ai vari tipi di terreno e che ama un clima umido e fresco. I meli trentini danno perciò buoni frutti,

5. improduttivo: che non produce o non dà guadagno. Si dice che è improduttivo il terreno roccioso su cui non cresce neppure l'erba per il pascolo.

La raccolta delle mele in Trentino.

ma esiste il problema della sovrapproduzione, si producono cioè più mele di quante si riesce a venderne, e i prezzi scendono talvolta fino al punto di far perdere agli agricoltori qualsiasi guadagno. Si è cercato di risolvere questo problema con la creazione di cooperative sociali[6] dei frutticoltori e di fabbriche di conserve alimentari[7] come le marmellate[8], i succhi di frutta ecc.

Le Dolomiti

Il Trentino-Alto Adige è una regione povera, la più povera dell'Italia settentrionale.
Il territorio del tutto montuoso e il clima molto freddo non permettono un soddisfacente sviluppo dell'agricoltura, le industrie sono scarse. La ricchezza di corsi d'acqua permette una notevole produzione di energia idroelettrica, ma neppure un terzo di essa viene utilizzata dall'industria locale.
Così uno dei settori più importanti dell'economia della regione è il turismo. Il paesaggio del Trentino-Alto Adige è bello, tipicamente alpino con grandi montagne, boschi verdi, valli, e numerosi laghetti. Ma sono soprattutto le Dolomiti o Alpi dolomitiche a richiamare, tanto in inverno che in estate, i turisti.
Le Dolomiti occupano la parte orientale del Trentino-Alto Adige e anche una parte della provincia di Belluno, nel Veneto. Il nome deriva dalla roccia dominante che è la «dolomia», composta da microrganismi[9] marini di età antichissime, quando queste zone erano coperte dal mare. La dolomia resiste, più di altre rocce, all'azione del vento e delle acque.
Il paesaggio delle Dolomiti è molto pittoresco per la forma frastagliata* delle montagne e per gli splendidi colori che cambiano sotto la luce del sole e sono rosa e rossi al tramonto.
Queste montagne superano raramente i 3000 metri, la vetta più alta, la Marmolada, raggiunge solo i 3342. Sono par-

6. cooperativa sociale: impresa collettiva che permette a un gruppo di piccoli imprenditori di avere in comune, a costi minori, strutture, mezzi e servizi.

7. conserva alimentare: cibo conservato in scatola o in vetro, chiuso ermeticamente.

8. marmellata: conserva di frutta cotta con aggiunta di molto zucchero.

9. microrganismo: qualsiasi individuo, animale o vegetale, talmente piccolo che si può vedere solo con l'aiuto di un forte ingrandimento.

Una tipica fattoria (maso) dell'Alto Adige.

ticolarmente famose per la loro bellezza le Tre Cime di Lavaredo, le Pale di San Martino e il Latemar ai cui piedi si trova lo spendido lago di Carezza. In tutta la zona dolomitica ci sono molti paesi, non troppo grandi ma con buone strutture[10] turistiche e sportive; tra questi ricordiamo Ortisei, Canazei, Moena, San Martino di Castrozza, Madonna di Campiglio.

Il Parco Nazionale dello Stelvio

Nelle Alpi Retiche, al confine con la Svizzera, si trova il Parco Nazionale dello Stelvio che fu creato nel 1936 per proteggere il paesaggio alpino. È il più vasto* d'Italia; ha una superficie di 94.500 ettari, divisi tra le province di Bolzano, Trento e Sondrio, comprende le alte cime dell'Ortles (3899 metri) e del Cevedale (3764 m), circa 40 piccoli laghi, 103 ghiacciai.

Il Parco è famoso per i bellissimi boschi di abeti, larici rossi e cembri[11] in cui vivono cervi, stambecchi, caprioli, camosci, marmotte e uccelli rari come l'aquila reale, il gufo reale, il gallo cedrone.

In Italia purtroppo i Parchi Nazionali occupano solo lo 0,30% del territorio mentre in Germania il 10% e in Gran Bretagna il 5,85%; è pertanto necessario estendere* le zone verdi protette e conservare con grande cura e attenzione quelle che attualmente ci sono, senza cedere* alla voglia di aumentare le strutture turistiche e sportive.

La regione autonoma del Tren-

tino, nell'estate del 1973, ha fatto tre importanti leggi che riguardano la protezione e il rispetto dell'ambiente. Sono state protette circa venti specie di piante; esse sono rappresentate in grandi cartelli* colorati, posti nelle zone montane e tutti possono vederle.

La raccolta dei funghi è permessa per non più di 2 kg al giorno per ogni persona e anche quella delle rane e delle lumache non è libera. È stata proibita la distruzione dei nidi delle formiche.

Certo fare ottime leggi per l'ambiente non è tutto; la difesa della natura dipende soprattutto dal senso civico[12] di ogni persona.

Il lago di Carezza dominato dal Latemar.

10. **struttura**: insieme di edifici, mezzi, ecc.; tutto quanto serve, in questo caso, per il turismo e lo sport (alberghi, seggiovie, pensioni, ristoranti, piste).

11. **abeti... cembri**: sono tutte piante arboree della famiglia delle Pinacee, caratterizzate da foglie aghiformi sempreverdi.

12. **civico**: in generale si dice di ciò che riguarda la città, la cittadinanza, il cittadino in quanto abitante di una città. Ha senso civico chi ha interiorizzato i valori positivi della vita associata.

Vegetazione tipica delle Alpi e alcuni tipi di fiori protetti (genziana, ranuncolo, stella alpina).

Veneto

Superficie: 18.370 kmq

Popolazione: 4.301.000 ab.

Densità: 234 ab. per kmq

Capoluogo di regione: Venezia (365.000 ab.)

Capoluoghi di provincia: Verona (271.000 ab.), Padova (242.000 ab.), Vicenza (120.000 ab.), Treviso (91.000 ab.), Rovigo (52.000 ab.), Belluno (37.000 ab.)

Una pianura con tanti fiumi

Il 57% del territorio veneto è pianura, il 29% montagna, il 14% collina. La zona montuosa, tutta nella provincia di Belluno, comprende la parte più orientale delle Alpi Dolomitiche, dove si trova una delle località di montagna più belle e famose: Cortina d'Ampezzo. La zona prealpina e collinare comprende i monti Lessini, l'Altopiano di Asiago, il monte Grappa; è una zona carsica[1], perciò il terreno è poco fertile e ci sono molte «doline» che qui vengono chiamate «buse». A sud delle colline comincia la pianura che continua quasi fino al mare e che è molto ricca di acque.
Oltre al Po troviamo l'Adige, il secondo fiume italiano, il Brenta, il Piave, il Livenza. La bassa pianura è molto fertile ed il Veneto è al primo posto in Italia per la produzione di mais, al secondo per la produzione di barbabietola da zucchero; anche per quanto ri-

guarda il grano la produttività media per ettaro (34,4 q) è buona.
Il mais un tempo veniva usato come cibo dagli stessi contadini; con la farina di mais, chiamato anche granoturco, si fa infatti la polenta che è uno dei piatti veneti più caratteristici.

1. Per la spiegazione dei fenomeni carsici vedi «Una gita sul Carso» (Friuli-Venezia Giulia).

Veduta panoramica di alcuni paesi delle Dolomiti.

Oggi il mais viene utilizzato soprattutto come cibo per gli animali; è molto sviluppato in Veneto l'allevamento dei bovini. Le campagne venete tuttavia non sono ricche e c'è sempre stata una forte emigrazione, poiché il Veneto è una delle regioni più fittamente popolate, soprattutto in pianura, e non c'è lavoro per tutti. Non tutta la pianura veneta ha una popolazione troppo fitta; nelle zone del delta[2] del Po infatti la densità di popolazione è molto bassa tanto che si può parlare di «spopolamento».

La parte di pianura che si trova fra l'Adige e il Po, detta Polesine, è una zona paludosa[3] dove sono frequenti le inondazioni dei due fiumi. Per ridurre le paludi e proteggere i terreni dalle inondazioni, gli uomini hanno lavorato per secoli e oggi in quei terreni si coltivano grano e barbabietole da zucchero, ma l'agricoltura è spesso distrutta dalle inondazioni, più o meno gravi, poiché non si sono risolti tutti i problemi di bonifica[4].

Nel 1951 il Polesine divenne tristemente famoso; le acque del Po inondarono infatti 100.000 ettari di terreno, ci furono fortissimi danni economici e morirono più di 200 persone.

La parte più «giovane» del delta non è ancora coltivabile e si ha il paesaggio tipico delle paludi con canneti[5] e uccelli acquatici.

Le lagune

Lungo gran parte delle coste del Veneto si trovano lagune, fra le quali la principale e la più conosciuta è quella di Venezia. Accade talvolta che i materiali trascinati dai fiumi (ghiaia, sabbia) si fermano in mare a breve distanza dalla riva, in un punto in cui le correnti marine non riescono a portarli via; si formano così strisce di terra e piccole isole. L'acqua compresa fra la costa e la nuova terra si chiama laguna. È importante che questa acqua comunichi sempre con il mare attraverso qualche apertura altrimenti non è una laguna, ma uno stagno costiero che, a poco a poco, può riempirsi di terra.

Fino a non molti secoli fa da Grado a Ravenna, tutta la costa adriatica aveva lagune e stagni, ma i materiali trasportati dai fiumi hanno insabbiato gran parte delle lagune e così la città di Ravenna non si trova più sul mare, e Adria, che era un porto che ha dato il nome all'Adriatico, è oggi distante dal mare 22 km.

Anche la laguna di Venezia sarebbe scomparsa e sarebbe diventata terraferma[6] se i Veneziani non avessero fatto varie opere per allontanare il corso del Brenta e di altri fiumi che sfociavano[7] nella loro laguna.

Un'economia che ha più di una faccia

Il Veneto è una delle regioni italiane in cui l'emigrazione, sia tra la fine dell'800 e l'inizio del '900 sia nel secondo dopoguerra, è stata più forte; nelle province di Belluno e Rovigo la popolazione è diminuita negli ultimi venti anni. Tutto ciò significa che esistono in questa regione zone di sottosviluppo[8].

2. delta: si dice che un fiume ha una foce a delta quando la forza del fiume è maggiore di quella del mare. In questo caso la terra cresce perché il fiume trascina nella sua corsa dei materiali, soprattutto sabbia e ghiaia, che il mare non riesce a portare via.
Si ha una foce ad estuario quando invece il mare, con le sue onde e correnti, rimuove i detriti del fiume. Il Po scarica in mare circa 30 milioni di tonnellate di detriti all'anno e il suo delta avanza di circa 50 metri ogni anno.

3. paludoso: si dice di una zona che presenta aspetti caratteristici della palude. È la palude un terreno con acque ferme, cioè stagnanti (da qui la parola stagno che indica una conca d'acqua, simile a un lago, ma chiusa, dove non c'è ricambio). La palude ha una vegetazione e una fauna particolari. È l'habitat ideale per molti insetti come la zanzara, fra cui quella anofele che trasmette la malaria.

4. bonifica: si indica con questo nome il complesso di lavori di varia natura per rendere i terreni adatti alla coltivazione, in particolare quando si tratta di terreni paludosi. Per estensione si dice «bonifica» o terreno di bonifica di quel terreno reso coltivabile con una bonifica.

5. canneto: insieme di canne. La canna è una pianta con un alto stelo vuoto, leggero e resistente che cresce bene nelle paludi, stagni, ecc.

6. terraferma: si dice della parte continentale di una regione, specialmente quando si vuole contrapporla alle isole.

7. sfociare: sfocia un corso d'acqua che, giunto alla parte finale (foce), si immette in un lago, nel mare o in un altro corso d'acqua.

8. sottosviluppo: si dice di una situazione per cui in un paese il reddito pro capite non cresce o cresce in misura ridotta rispetto alle risorse.
Il suffisso sotto si usa spesso per indicare condizioni di carenza. Si dice ad esempio che una persona è in condizioni di sottoalimentazione quando mangia troppo poco o che viene sottovalutata quando viene valutata troppo poco rispetto alle sue capacità.
Il suffisso contrario è sopra, che diventa più spesso sovra e così si dice sovralimentazione, sovrabbondanza, ecc.

D'altra parte troviamo nel Veneto anche Porto Marghera, uno dei maggiori centri industriali italiani e così abbiamo una regione con uno sviluppo economico assai differente da zona a zona.

Complessivamente il Veneto è passato da un'economia prevalentemente agricola ad una prevalentemente industriale. Oggi i lavoratori addetti all'agricoltura sono solo l'11% contro il 48% dell'industria, anche se la pianura veneta è una delle zone più intensamente coltivate d'Italia.

A Porto Marghera si trovano le industrie siderurgiche, i cantieri navali e le raffinerie; le altre industrie, piccole o medie, meccaniche, tessili, alimentari, si trovano sparse[9] nelle province di Verona, Vicenza, Padova, e anche Treviso. L'esistenza di molte piccole fabbriche, qua e là nei tanti paesi, è un fatto positivo per la regione poiché ha evitato gran parte dei grossi problemi che lo sviluppo industriale ha portato a Milano e a Torino.

La lunga tradizione agricola comunque, insieme ad altri fattori, ha lasciato un segno nel Veneto poiché ne ha fatto una regione «bianca». Si dice «bianca» una provincia o una regione in cui la Chiesa e le organizzazioni cattoliche esercitano un'influenza molto forte e dove c'è una prevalenza * dei partiti conservatori come la Democrazia Cristiana[10] che in Veneto, nelle ultime elezioni, ha ottenuto il 42,5% dei voti. Sono invece dette «rosse» le regioni in cui vi è una maggioranza dei partiti di sinistra come in Emilia-Romagna, la più «rossa» d'Italia, dove il Par-

tito Comunista, sempre nelle ultime elezioni (26-6-83) ha ottenuto il 47,5% dei voti.

Quante belle città!

Il Veneto, regione ricca di belle città, non ha una vera «capitale», una città cioè tanto più grande e importante delle altre, come Milano in Lombardia o Torino in Piemonte.

Si dice infatti che è una regione «policentrica»[11], perché ci sono molti centri ugualmente importanti.

La seconda città del Veneto, dopo Venezia, per numero di abitanti e importanza economica, è Verona. Per la sua posizione geografica, al confine di tre regioni (Veneto, Lombardia, Trentino), Verona è da secoli un importante centro commerciale e, oggi, anche industriale; le sue campagne producono grandi quantità di frut-

9. *sparso*: distribuito in modo irregolare e disordinato. In senso contrario si usa «concentrato», cioè raccolto in notevole quantità in uno stesso luogo.

10. *Democrazia Cristiana*: è il maggiore partito politico italiano di ispirazione cattolica e conservatrice; più precisamente si può dire che la DC è un partito di centro che al suo interno ha correnti di centro-destra e altre di centro-sinistra. A sinistra ci sono i partiti di ispirazione marxista e progressista: il Partito Comunista (PCI), grande quasi quanto la DC, e il Partito Socialista Italiano (PSI). Fra il centro e i due grossi partiti di sinistra si trovano il Partito Socialista Democratico (PSDI) e il Partito Repubblicano (PRI). A destra c'è il Partito Liberale (PLI) e all'estrema destra il Movimento Sociale Italiano (MSI-Destra Nazionale). All'estrema sinistra ci sono gruppi come il Partito Radicale (PR) e Democrazia Proletaria (DP).

11. *policentrico*: che ha più centri. Le parole greche *polys* (che vuol dire *molto*) e *monos* (che vuol dire *solo*, *unico*) si ritrovano in molti nomi italiani composti. *Poligamìa* ad esempio significa avere molti mariti o molte mogli, *monogamìa* avere una sola moglie o un solo marito; *politeismo* significa religione che ha molti dei, *monoteismo* religione che ha un solo dio; ecc.

Verona: chiostro della basilica di San Zeno.

ta, soprattutto pesche, mele
uva.
Verona è una città bellissima,
una delle più belle d'Italia. Tra
i suoi monumenti ricordiamo
l'Arena, cioè l'anfiteatro romano dove in luglio e agosto si
rappresentano opere liriche, la
chiesa romanica di San Zeno,
la Piazza delle Erbe[12], le tombe o sepolcri degli Scaligeri che
furono Signori di Verona dalla metà del 1200 alla fine del
1300. Bellissimo anche il Castello Scaligero o Castelvecchio, costruito sull'Adige, il
fiume che attraversa Verona;
un ponte permette di passare
direttamente dal Castello al-
l'altra riva del fiume.
Vicenza è caratterizzata soprattutto dalle opere architettoniche di Andrea Palladio, uno
degli artisti più famosi del
'500.
Si devono al Palladio anche le
più belle ville[13] della campagna vicentina. Queste ville, talvolta affrescate da famosi pittori come Veronese[14] e Tiepolo[15], furono costruite dalle famiglie nobili veneziane, dalla

fine del '500 in poi, per passar-
vi le loro vacanze.
Altre splendide ville si trovano
lungo il fiume Brenta, vicino a
Padova.
Anche Padova è una bella città, nota per la sua importante
e antica Università. A Padova
sono da vedere la Cappella degli Scrovegni con i bellissimi
affreschi di Giotto[16], Piazza
delle Erbe con il medioevale
Palazzo della Ragione, la Basilica di Sant'Antonio, conosciuta soprattutto per motivi
religiosi.
In periferia e provincia si trovano molte piccole e medie industrie, tessili e meccaniche,
fra cui è famosa quella della bicicletta.
Infine, fra le belle città del Veneto, ricordiamo Treviso che è
attraversata dal fiume Sile. Per
la presenza del fiume e dei suoi
numerosi canali questa città as-
somiglia un poco a Venezia. È
ricca di palazzi signorili del
Medioevo e del Rinascimento,
ha case molto caratteristiche,
con le facciate dipinte.

12. *Erbe*: come plurale di erba è poco
usato, poiché il singolare si usa spesso
con valore collettivo. Si dice infatti «l'erba del prato» e si intende l'insieme delle
piante erbacee che ricoprono un terreno
non coltivato.
Nel dialetto di alcune regioni come il Veneto si usa il termine «erbe» per indicare
la verdura.
La Piazza delle Erbe di Verona, come
quella di altre città venete, ha questo nome perché vi si tiene il mercato di frutta
e verdura.

13. *villa*: con questo termine si indica oggi un'abitazione ampia ed elegante, circondata da un giardino. In passato la villa era l'abitazione signorile di campagna,
abitata dai proprietari delle terre circostan-
ti nei periodi di vacanza.

14. *Veronese*: Paolo Caliani, pittore, detto il Veronese perché nato a Verona
(1528). Si trasferì a Venezia solo nel 1553,
ma è comunque considerato appartenente alla scuola veneziana, terzo della grande triade cinquecentesca insieme con Tiziano e Tintoretto. Tra le sue opere più
belle gli affreschi della villa Barbaro a Ma-
sèr (Treviso).

15. *Tiepolo Giandomenico*: pittore ve-
neziano del 1700, figlio di Giambattista e
fratello di Lorenzo anch'essi pittori. Si è
rivelato artista originale rispetto al padre
soprattutto nelle decorazioni della Villa
Valmarana a Vicenza (1757).

16. *Giotto*: pittore e architetto fiorentino,
nato nel 1266 e morto nel 1337.
Fu apprezzato dai contemporanei come
creatore di uno stile nuovo rispetto alla
tradizione bizantina. Lavorò moltissimo,
ma gran parte della sua produzione si è
perduta. Oltre agli affreschi della cappella
degli Scrovegni, ricordiamo quelli della
Chiesa di San Francesco in Assisi, che
appartengono al periodo iniziale.

*In alto: Vicenza, la Loggia del
Palladio; in basso: Treviso, il
palazzo comunale.*

Venezia: il Palazzo Ducale.

Come è bella Venezia!

Venezia nasce nel V secolo d.C., quando un gruppo di abitanti della pianura veneta si trasferisce sulle isole della laguna per fuggire dai barbari[17] Unni. I «veneziani» si arricchiscono a poco a poco con il commercio e la città diviene, fra i secoli XII e XIII, una grande potenza marinara. Nel 1400, dopo aver vinto Genova, è uno degli stati più forti della penisola italiana e in tutto il periodo rinascimentale la Repubblica di Venezia, detta anche la Repubblica di San Marco dal nome del Santo protettore o la «Serenissima», ha il suo massimo splendore. Poi, con la scoperta dell'America, non sono più nel Mediterraneo le grandi vie del commercio internazionale e Venezia non è più la «signora» dei mari. La grande Repubblica tuttavia perde la sua indipendenza solo alla fine del '700, per opera di Napoleone. Venezia è costruita su 118 isolette separate da 160 canali e unite da 400 ponti. In questa singolare città ci si può spostare a piedi, attraverso le strette vie chiamate «calli» e le piccole piazze o «campielli», oppure con la gondola, che è una tipica imbarcazione veneziana, e il vaporetto[18], meno romantico[19], ma più veloce. Tutto il traffico di una normale città, dal trasporto della frutta ai funerali *, avviene sull'acqua. Venezia è dunque una città molto particolare, e soprattutto molto bella e molto famosa in tutto il mondo; il numero di turisti che ogni anno la visitano è altissimo.

In Piazza San Marco, detta da Napoleone «il più bel salotto d'Europa», si trovano la basi-

17. *barbaro*: i romani indicarono con il nome di «barbari» tutte le popolazioni non romane; furono i barbari (goti, unni, ecc.) che nel IV-V sec. d.C. invasero l'Impero romano. Come aggettivo «barbaro» si usa nel senso di *primitivo, feroce* e anche *rozzo.*

18. *vaporetto*: imbarcazione di piccole dimensioni che si usa soprattutto per i servizi pubblici in porti, canali, laghi, ecc.

19. *romantico*: in questo senso, che è quello più estensivo, vuole indicare qualcosa che è capace di suscitare una atmosfera particolarmente suggestiva e sentimentale.

lica di San Marco, di stile ro-
manico-bizantino e ricca di
mosaici dorati, e lo splendido
Palazzo Ducale.
Lungo le rive del Canal Grande, che è la maggiore «via»
della città, troviamo i bellissimi palazzi fatti costruire dalle
famiglie nobili veneziane che si
erano molto arricchite con i
commerci. Le facciate dei palazzi, come molti ponti, sono
di marmo[20] ed hanno decorazioni* molti fini, spesso di stile orientale, che ci ricordano gli
stretti rapporti che l'antica Repubblica Veneziana ebbe con
l'Oriente.
Le chiese e i musei sono ric-
chissimi di opere d'arte; le antiche famiglie della Serenissima
poterono permettersi di pagare pittori come Tiziano[21], Tintoretto[22], Veronese, Tiepolo.
Come è bella Venezia!

*In alto: panorama di Venezia; a
lato: l'isola di San Giorgio.*

20. *marmo*: è una roccia calcarea che
può essere lavorata e lucidata. Si fanno
con il marmo molti elementi decorativi:
facciate, pavimenti, sculture, ecc. Famoso
il marmo bianco di Carrara, che Michelangelo sceglieva personalmente per le sue
sculture, quello rosso di Verona e il giallo di Siena.

21. *Tiziano Vecellio*: pittore (1488-
1576). Ha lavorato anche come ritrattista;
molte sue opere si trovano a Venezia, ma
anche a Firenze, Napoli, Vienna, Madrid.
Famosi i suoi nudi di donna.

22. *Tintoretto Iacopo*: pittore venezia-
no (1518-1594). Si chiamava in realtà
Iacopo Robusti, ma come il fratello Domenico venne detto il Tintoretto perché il
padre era «tintore di panni». Anche lui come Tiziano ha lasciato molti dipinti, soprattutto di carattere sacro, che si trovano in gran parte a Venezia. Grandioso è
il ciclo pittorico di San Rocco (Venezia)
che rappresenta per Tintoretto quello che
è la Cappella Sistina per Michelangelo.

Come è triste Venezia!

Venezia oltre ad essere una città molto bella è anche triste. È triste perché ci sono molte cose che ricordano uno splendore del tutto finito, perché le acque della laguna si muovono lentamente nei canali e richiamano pensieri di nostalgia e di morte, ma soprattutto perché muore lentamente.

Da grande centro attivo, ricco di commerci, di cultura, di contatti umani favoriti dall'ambiente, si trasforma sempre più in una città per turisti, quasi una città-museo.

Circa 3.000 giovani ogni anno se ne vanno a cercare lavoro e casa a Mestre e a Porto Marghera, a soli 4 km da Venezia, dove si sono sviluppati il porto e le industrie, dove le costruzioni sono quelle fatte in serie, tipiche delle zone industriali del dopoguerra, ma gli appartamenti sono comodi con il riscaldamento[23] e l'acqua calda. La maggior parte delle abitazioni di Venezia invece sono in pessime condizioni, umide, senza bagno, senza riscaldamento. Molte di esse vengono abbandonate, alcune restaurate*, ma non per i veneziani.

I proprietari infatti, per riprendere in poco tempo le forti somme di denaro spese per il restauro, le affittano a ricchi stranieri o addirittura le trasformano in «pensioni» per i turisti.

L'intera città paga poi ogni giorno duramente lo sviluppo industriale di Porto Marghera. Le isolette su cui si trova Venezia si abbassano di mezzo centimetro all'anno a causa delle grandissime quantità di acqua

L'isola di Burano (Venezia), famosa per la lavorazione dei merletti.

che le industrie prendono dal sottosuolo, sale invece il livello della laguna e l'interramento[24] di una sua parte, fatto per avere più spazio per gli stabilimenti, ha reso le maree più alte e violente, tanto da invadere più volte all'anno l'intera città e fare molti danni.

C'è poi un forte inquinamento dell'aria che rovina architetture e sculture esterne e ci sono le continue onde provocate[25] dalle imbarcazioni a motore (motoscafi e vaporetti) che muovono i pali* su cui sono costruite le case veneziane.

Così da una ventina d'anni giornali di tutto il mondo scrivono articoli sull'«Agonia* di Venezia» o su «Venezia città perduta», ma per ora si è fatto ben poco.

I veneziani continuano ad andarsene, le case vuote si rovinano e d'inverno, quando non ci sono più turisti, ma acqua alta in Piazza San Marco, Venezia è una città molto triste.

23. *riscaldamento*: genericamente la parola indica l'atto del riscaldare cioè dare calore. Qui indica l'impianto usato per riscaldare una casa.

24. *interramento*: accumulo o distribuzione di terra. In questo caso significa che la laguna è stata riempita di terra.

25. *provocato*: da *provocare*. In questo caso il verbo è usato nel senso generico di causare, determinare.
Più specificamente, significa eccitare o irritare spingendo ad una reazione, anche violenta.

Friuli-Venezia Giulia

Superficie: 7.845 kmq

Popolazione: 1.245.000 ab.

Densità: 158 ab. per kmq

Capoluogo di regione: Trieste (270.000 ab.)

Capoluoghi di provincia: Udine (104.000 ab.), Pordenone (53.000 ab.), Gorizia (44.000 ab.)

Una regione sfortunata

Il Friuli-Venezia Giulia è una regione sfortunata, sia dal punto di vista fisico sia dal punto di vista storico.

Quasi metà del suo territorio è occupato da montagne, una piccola parte da colline (circa il 19%), il resto dalla parte orientale della pianura Padana. La natura del suolo è particolarmente sfavorevole all'agricoltura. Il terreno infatti, anche se le Prealpi e le Alpi Friulane sono tra le zone più piovose d'Italia, è arido[1], poiché, per la sua natura calcarea, assorbe l'acqua piovana che si perde nel sottosuolo*.

Così l'agricoltura è povera; solo nella parte più orientale la

1. *arido*: secco, asciutto. Si dice propriamente arido del suolo, della campagna, del clima. In senso figurato si dice di un argomento (e anche di una persona) povero di idee, di sentimenti, di fantasia.

Tipica casa della campagna friulana.

pianura è abbastanza fertile e vi si coltivano mais e piante che danno semi da olio, come il girasole e la colza. Si allevano suini con la carne dei quali si fa un tipo di prosciutto, il San Daniele, molto famoso anche all'estero.

Storicamente poi il Friuli-Venezia Giulia è una regione «artificiale», che non ha confini naturali, nata dall'unione del Friuli con quella parte della Venezia-Giulia rimasta all'Italia dopo la II guerra mondiale. Rimasero all'Italia le città di Gorizia e Trieste, private però di gran parte delle loro province, passate alla Iugoslavia insieme al Carso e all'Istria.

Vi sono state forti rivalità interne, specialmente fra la città di Trieste, che ha avuto una storia particolarissima, e Udine che, come capoluogo del Friuli, ha riconosciuto con difficoltà Trieste capoluogo di regione. Lo statuto speciale, di cui gode il Friuli-Venezia Giulia, non ha risolto tutti i problemi.

La maggioranza della popolazione è di lingua italiana. Vi è una minoranza di lingua slovena, ma il bilinguismo e la doppia cultura sono qui meno presenti che in altre regioni di confine come la Valle d'Aosta e l'Alto Adige. Comunque anche la posizione geografica di questa regione, che si trova a poca distanza da due confini, quello con l'Austria e quello con la Iugoslavia, crea dei problemi; se da una parte favorisce il commercio e il turismo, dall'altra ha fatto nascere le «servitù militari». In questa zona di particolare importanza militare, dove è presente un terzo dell'esercito italiano, vi

sono infatti speciali leggi che spesso proibiscono la costruzione di strade, autostrade, edifici, ecc. e non sono perciò vantaggiose per l'economia.

Ci sono stati infine, nel 1976, due gravi terremoti[2] che oltre ai 1.000 morti hanno fatto grossissimi danni alle costruzioni e alle attività produttive che negli ultimi venti anni, nonostante tutto, avevano avuto un buono sviluppo.

Fra le industrie della regione ricordiamo gli stabilimenti della Snia che producono fibre sintetiche, prodotti chimici e cellulosa, i cantieri navali di Monfalcone e la Zanussi di Pordenone che produce elettrodomestici.

Una gita sul Carso

Alle spalle di Trieste si trova l'altopiano del Carso che solo in piccola parte fa oggi parte del territorio italiano.

Il paesaggio è triste, si vedono colli biancastri[3] per la roccia

2. terremoto: i terremoti o sismi sono scuotimenti improvvisi e violenti del terreno, causati da rotture e spostamenti di rocce all'interno della crosta terrestre. I terremoti per il 90% si manifestano nelle zone instabili, «giovani», della crosta terrestre, sempre più o meno ricche di vulcani. L'Italia, terra giovane, con vulcani attivi, è da considerarsi area sismica con zone ad altissimo rischio che sono soprattutto il Friuli, il basso Lazio, parte della Campania, Basilicata e Molise, la Calabria, alcune zone della Sicilia.
Negli ultimi venti anni, oltre a quello del Friuli, ci sono stati forti terremoti nella valle del Belice (Sicilia) nel 1968 con oltre 300 morti, a Tuscania nel 1971 (30 morti), in Campania nel 1980 (4.000 morti). Da alcuni anni una legge «antisismica» impone, nelle zone a rischio, particolari accorgimenti nella costruzione dei nuovi edifici e nella ristrutturazione dei vecchi.

3. biancastro: è l'alterazione dell'aggettivo bianco che significa quasi bianco, un colore molto chiaro non uniforme.
L'alterazione in «astro» di nomi e aggettivi si usa generalmente in senso dispregiativo. Il medicastro è uno che esercita male l'arte medica, senza avere un titolo legale, con pratiche non scientifiche.

Paesaggio caratteristico del Carso.

calcarea che appare in superficie, non ci sono alberi, ma solo alcuni cespugli. Il suolo presenta spesso delle buche* rotonde dette «doline»[4], uno dei numerosi fenomeni «carsici» che prendono il nome dal Carso triestino, ma si presentano in tutte quelle zone in cui il terreno superficiale è composto da rocce calcaree. Queste rocce sono composte soprattutto da sali di calcio che vengono facilmente sciolti dall'acqua.

L'acqua piovana pertanto non si ferma in superficie, ma penetra nel sottosuolo ricca di sali di calcio e si ferma solo dove incontra una roccia impermeabile. Qui l'acqua smette di scendere e comincia a scorrere orizzontalmente, forma fiumi e laghi sotterranei.

Un tipico fiume del Carso è il Timavo. Esso nasce in Iugoslavia, scorre in superficie per circa 50 chilometri, poi scompare nel sottosuolo e torna in superficie fra Trieste e Monfalcone, a poca distanza dal mare. Così una terra tanto triste e arida in superficie offre al turista il meraviglioso spettacolo delle «grotte»* del suo sottosuolo.

Il calcare, abbiamo detto, si scioglie facilmente con l'acqua e così il terreno, all'interno, viene scavato, forato come un pizzo[5] dal continuo lavoro dei fiumi, dei laghetti, delle gocce d'acqua che attraverso i secoli hanno creato e creano le stalattiti e le stalagmiti[6]. Le più famose grotte del Carso sono quelle di Postumia, oggi in Iugoslavia, ma sono molto belle anche la Grotta Gigante e l'Abisso Trebiciano, in provincia di Trieste.

Una grotta carsica con le stalattiti e le stalagmiti.

Ogni grotta ha le sue meraviglie; spesso le stalattiti e le stalagmiti hanno forme fantastiche e talvolta ricordano aspetti della realtà, assomigliano a una torta, o al Duomo di Milano; i vari sali minerali danno loro colori bellissimi che vanno dal bianco al rosa più o meno scuro.

Le vicende di Trieste

Trieste, fra le città italiane, ha avuto una storia veramente singolare.

Fin dal 1382 fu legata politicamente all'Austria, e dai primi anni del 1700 ebbe un lungo periodo di sviluppo economico, tanto che durante il XVIII secolo fu il primo porto dell'Adriatico e uno dei primi d'Europa.

Alla fine della prima guerra mondiale Trieste entrò a far parte dello stato italiano. Per

4. dolina: le doline sono buche più o meno grandi, che si formano nel terreno calcareo per erosione della roccia attorno ad una spaccatura verso la quale l'acqua piovana tende naturalmente.
Talvolta, se l'apertura sul fondo della dolina viene chiusa dai sassi, vi si deposita la terra rossa che è quanto rimane della roccia calcarea dopo che l'acqua ha sciolto i sali di calcio e li ha portati nel sottosuolo. Nella terra rossa delle doline si fanno le poche coltivazioni del Carso.

5. pizzo: merletto, trina. È un lavoro fatto con l'ago o con l'uncinetto, ma oggi per lo più con macchine industriali, che ha molti fori e viene ripetuto per metri e metri ed applicato per guarnizione a biancheria personale, da tavola e da letto.

6. stalattiti... stalagmiti: le stalattiti sono concrezioni calcaree che pendono come un ghiacciolo dal soffitto delle grotte; vengono formate dalle gocce d'acqua che si staccano dall'alto e lasciano un piccolo deposito. La parte della goccia che cade a terra forma invece una sporgenza che si alza a poco a poco dal suolo: è la stalagmite. Quando una stalagmite si congiunge con la stalattite che le sta sopra si forma una colonna.

la maggior parte dei triestini, di lingua italiana, fu una grande soddisfazione vedere finalmente il tricolore[7] nelle strade e nelle piazze della città, ma il porto perse i grandi mercati austro-ungarici e iniziò così una lenta crisi dell'economia cittadina.

Problemi più grossi vennero poi con la II guerra mondiale. Nel 1945 infatti, alla fine del conflitto, Trieste fu divisa in due zone libere, la zona A, cioè il territorio cittadino, controllata da francesi, inglesi e americani, la zona B, che comprendeva il retroterra[8] triestino, controllata dagli iugoslavi.

Solo nel 1954 Trieste tornò sotto l'amministrazione italiana con la perdita però del suo retroterra che passò alla Iugoslavia.

In queste difficili vicende i triestini hanno sempre cercato di difendere i loro giusti diritti, ma sul piano economico la città ha comunque avuto molti danni.

La crescita industriale di cui l'Italia ha goduto nel dopoguerra ha avuto inizio a Trieste con almeno dieci anni di ritardo e lo sviluppo dei porti slavi di Fiume e di Capodistria ha ridotto al minimo il traffico di quello triestino con una grossa crisi dei cantieri navali.

Oggi le cose vanno un po' meglio, soprattutto per il miglioramento dei rapporti commerciali con la Iugoslavia. Ci sono buone speranze per il porto dove potrebbero essere scaricate le merci che vengono dai paesi dell'Africa e del Medio Oriente per andare verso quelli dell'Europa centro-orientale e viceversa *.

Ma c'è bisogno di migliorare le strutture portuali e le strade che da Trieste portano verso le grandi città dell'Europa del Centro e dell'Est, e così la città è ancora in crisi e molti suoi giovani devono emigrare per trovare un lavoro.

Il fascino di Trieste

Trieste, oggi la più piccola provincia d'Italia, è una città affascinante.

Appena si arriva ci si accorge di essere in una città diversa, non italiana, non austriaca, non slava. Vi si ritrovano caratteri italiani, austriaci, slavi, ma mescolati in modo originale e fatti propri.

È una città dove si respira insieme aria provinciale e cosmopolita *.

Si conservano certe particolari caratteristiche di quelle culture dei primi del '900, quando a Trieste, ricco porto dell'Impero austriaco, convivevano popolazioni, culture e religioni diverse.

Bellissimo è il panorama che si vede dal colle San Giusto dove si trova la chiesa romanica dedicata a questo santo, protettore della città.

Molto bello anche il castello di Miramare, in una posizione splendida. Fu costruito a metà del 1800 per lo sfortunato arciduca Massimiliano d'Asburgo che, giovanissimo, partì da Miramare per andare in Messico come imperatore e che là fu ucciso.

A Miramare visse ancora Carlotta, moglie dell'arciduca, impazzita per il dolore.

Della vita breve e sfortunata di Massimiliano parla Giosue Carducci[9] nella sua poesia

7. tricolore: il termine viene usato abitualmente per indicare la bandiera italiana che è di tre colori.

8. retroterra: la zona che sta alle spalle di un porto. Più generalmente una zona lontana dalla costa. Si usa come sinonimo anche «entroterra».

9. Giosue Carducci: poeta toscano della seconda metà dell'800; nacque in Versilia, ma passò l'infanzia in Maremma e a questa terra rimase sempre legato profondamente. In molte sue poesie ritornano paesaggi maremmani; la più famosa, *Traversando la Maremma Toscana*, inizia con questi bellissimi versi «Dolce paese, onde portai conforme l'abito fiero e lo sdegnoso canto...». Dal 1860 fino alla morte (1907) Carducci visse a Bologna, nella cui Università insegnava letteratura italiana. Le sue raccolte più famose sono le *Odi barbare* e le *Rime Nuove*.

A lato: il centro storico di Trieste;
in basso: il castello di Miramare.

Miramare, e anche oggi sembra rivivere nel bianco castello un'aria di pianto e di tristezza. Umberto Saba[10], grande poeta triestino, che ha molto amato Trieste e ce ne ha dato bellissime immagini in tutto il suo *Canzoniere*, ha dedicato ad essa una poesia in cui riesce a farci innamorare della sua città.
Leggiamone i versi più belli.

...

Trieste ha una scontrosa
grazia. Se piace,
è come un ragazzaccio
aspro e vorace,
con gli occhi azzurri
e mani troppo grandi
per regalare un fiore;
come un amore
con gelosia.

...

10. *Umberto Saba*: nato a Trieste nel 1883, per amore verso la madre ebrea lasciò il cognome paterno e scelse lo pseudonimo Saba, che in ebraico significa pane. La campagna contro gli ebrei, la guerra e la crisi triestina del dopoguerra costrinsero il poeta a viaggiare e a vivere per molti anni lontano dalla sua amatissima città. Morì a Gorizia nel 1957.

Emilia-Romagna

Superficie: 22.123 kmq

Popolazione: 3.947.000 ab.

Densità: 178 ab. per kmq

Capoluogo di regione: Bologna (489.000 ab.)

Capoluoghi di provincia: Modena (179.000 ab.), Parma (178.000 ab.), Ferrara (156.000 ab.), Ravenna (138.000 ab.), Reggio Emilia (130.000 ab.), Forlì (110.000 ab.), Piacenza (109.000 ab.)

Mele, pesche, pere... prosciutto e parmigiano

In Emilia-Romagna la pianura è vasta (il 48% del territorio regionale), fittamente popolata e coltivata. Qui si produce circa un quinto del grano italiano, metà della produzione nazionale di barbabietole da zucchero, buone quantità di riso e di mais.

C'è poi la frutta, una parte della quale viene coltivata anche nelle colline più basse: l'Emilia è al primo posto in Italia per la produzione di mele, pere, pesche, susine e fragole. Buona anche la produzione di uva con cui si fanno vini famosi come l'Albana, il Sangiovese e il Lambrusco.

Il mais viene usato in gran parte per l'alimentazione dei suini: questa regione ne possiede infatti un quarto del totale nazionale. Quanto al numero dei bovini l'Emilia è superata oltre che dalla Lombardia anche dal Piemonte e dal Veneto, ma nella produzione di latte è al secondo posto.

L'Emilia-Romagna ha così un'agricoltura molto attiva e molto ricca, anche se i lavoratori addetti all'agricoltura sono diminuiti negli ultimi anni. I motivi di questa ricchezza sono diversi: prima di tutto un terreno molto fertile e acqua abbondante (attraversano la pianura il fiume Reno e molti affluenti del Po), poi un largo uso di macchine agricole e concimi chimici, una buona organizzazione del lavoro. Molti piccoli proprietari in Emilia sono riuniti in cooperative che permettono ai soci di avere maggiori guadagni, poiché insieme possono acquistare più macchine agricole e più concimi, e anche essere più forti con le grosse industrie alimentari. Ma il fatto più importante è che prodotti agricoli e prodotti dell'allevamento vengono trasformati dall'industria.

Vi sono industrie che trasformano frutta e verdura in marmellate, conserve, succhi (Massa Lombarda, Star), altre che producono buona parte dello zucchero consumato in Italia.

La lavorazione della carne suina dà prodotti famosi in tutto il mondo, come lo zampone di Modena, il prosciutto di Parma e la mortadella di Bologna, tanto famosi che si dice comunemente «un panino con la bologna» «un etto di parma».
Ma il prodotto più famoso dell'industria alimentare emiliana è sicuramente il formaggio parmigiano-reggiano, così detto dalle città di origine. Questo tipo di formaggio è molto buono, ma solo se prodotto in queste zone ha il suo giusto sapore, forse per il tipo di pascoli o addirittura per l'aria.
Si tratta di un formaggio assai pregiato perché, dopo essere stato preparato in grandi forme[1], deve restare a stagionare* per alcuni anni durante i quali il produttore non può ricavarne alcun reddito.

Il parmigiano si mangia in tutta Italia quasi ogni giorno, anche se in piccole quantità; si aggiunge infatti grattugiato* sulla pastasciutta, nelle minestre e, talvolta, nelle verdure e nelle frittate[2].

Nel mondo delle anguille

La pianura ferrarese è una zona paludosa che è stata in gran parte bonificata; sono rimasti tuttavia alcuni specchi d'acqua[3], soprattutto nella zona di Comacchio, che vengono lasciati per la pesca. Si dà a queste acque il nome di valli, nel senso del latino «vallum», muro, argine, poiché sono chiuse da argini o da pareti di canne; comunicano fra loro e con il mare attraverso canali che si possono aprire e chiudere. Così si regola l'acqua, si fa entrare nelle valli il pesce giovane in primavera e si fa uscire in autunno quando cerca i grandi mari per riprodursi*; con delle specie di trappole[4], dette «lavorieri», si prende il pesce adulto che verrà venduto nei mercati di tutta Italia.
Le valli di Comacchio sono famose soprattutto per l'anguilla, un pesce che ha un ottimo gusto, quando viene ben cucinato. Di forma allungata (le grosse femmine, dette capitoni, possono superare un metro di lunghezza), vive nei fiumi e nei laghi di tutta l'Europa. Le anguille vanno però a riprodursi in mare e per questo, quando sono pronte per la riproduzione, viaggiano in grandi gruppi dai fiumi e laghi europei fino al centro dell'Oceano Atlantico, dove le femmine fanno le uova, i maschi le fe-

1. forma: questo termine ha moltissimi significati. Qui sta ad indicare una certa massa ottenuta mettendo il latte cagliato nel vaso bucherellato in cui si asciugherà e diventerà formaggio. Anche questo particolare vaso si chiama forma.

2. frittata: è una pietanza che si fa con le uova sbattute, cotte con olio o burro, talvolta con l'aggiunta di verdure o formaggio.

3. specchio d'acqua: si indica con questo termine un tratto limitato di lago e di mare, o comunque genericamente acqua che non scorre e che non sia grande come un lago e non rientri in definizioni più specifiche come stagno ecc.

4. trappola: si indicano con questo nome tutti i dispositivi di vario tipo per la cattura degli animali. In senso figurato si usa per indicare una manovra o un'idea astuta per imbrogliare il prossimo. Si dice comunemente «cadere in trappola» o «cadere in una trappola».

La stagionatura del formaggio parmigiano.

condano* e muoiono. Le nuove anguille poi, appena nate, fanno il viaggio inverso* a quello dei loro genitoïi: in tre anni circa arrivano alle coste dell'Europa e da qui penetrano nei fiumi.

L'anguilla è un pesce molto richiesto sul mercato italiano; al Nord il capitone si mangia nella cena di Natale (il cosiddetto cenone).

Molte anguille vengono cucinate e conservate con una ricetta che si chiama «marinatura».

Comunque la pesca delle anguille, nelle valli di Comacchio, non è molto redditizia, poiché è lungo e faticoso il lavoro che si deve fare per mantenere nelle valli il giusto habitat[5] per la vita dei pesci.

Petrolio, metano... e macchine da corsa

Lo sviluppo industriale dell'Emilia-Romagna non è molto «vecchio». Fino alla scoperta del metano (1951) di Cortemaggiore (Piacenza), infatti, le fonti di energia erano scarse. Oggi invece metano e, in quantità molto minore, petrolio forniscono energia alle varie industrie; anche sul fondo del mare, al largo della costa di Ravenna, si è trovato del metano e un po' di petrolio. Così sono nate a Cortemaggiore, a Ferrara e a Ravenna raffinerie e industrie petrolchimiche che producono materie plastiche, gomma, concimi chimici.

Ravenna è stata collegata* al mare con un canale navigabile ed è tornata ad avere un porto, che è oggi uno dei maggiori d'Italia, dove arriva e viene

lavorato anche molto petrolio arabo.

Oltre alle raffinerie, la maggior parte dell'industria dell'Emilia-Romagna è caratterizzata da imprese di piccole o medie dimensioni.

A Sassuolo, in provincia di Modena, troviamo molte industrie di ceramiche[6] da rivestimento, mentre Faenza (Ravenna) ha un'antica tradizione artigianale sempre nel campo della ceramica e offre al pubblico un interessante Museo internazionale dedicato ai migliori prodotti di questo settore.

A Carpi (Modena) ci sono invece numerose maglierie, che si servono spesso anche di lavoro «a domicilio»[7].

L'industria meccanica produce soprattutto macchine agricole e macchine da corsa. A Maranello (Modena) si fanno le Ferrari, i «bolidi»[8] più famosi del mondo. Oggi la Ferrari appartiene di fatto alla FIAT per la quale lo stabilimento di Maranello è anche un centro di ricerche tecniche.

Si fanno a Modena anche le bellissime auto Maserati e Lamborghini.

Romagna solatìa

«Romagna solatìa, dolce paese...» è il verso di una famosa poesia che Giovanni Pascoli[9], poeta romagnolo, dedicò alla sua terra.

Pascoli ci dà l'immagine di una Romagna piena di sole (solatìa) con campi coltivati, alberi, canti di uccelli; oggi questa terra ha ancora le sue belle campagne intensamente coltivate, ma senza dubbio è mol-

5. habitat: l'insieme delle condizioni ambientali in cui vive una determinata specie di animali o di piante. Il termine viene dal latino habitat, 3ª persona del presente del verbo habitare.

6. ceramica: impasto di argilla con altre sostanze con cui si fanno vasi, recipienti vari e piastrelle per pavimenti o rivestimenti delle pareti di cucine e bagni. La ceramica viene cotta nei forni ad alta temperatura e decorata con vari sistemi.

7. lavoro a domicilio: è il lavoro svolto in casa propria per conto di un imprenditore.

8. bolide: il termine è qui usato per indicare l'auto da corsa. Propriamente indica la stella cadente o meteora.

9. Giovanni Pascoli: poeta nato a San Mauro di Romagna nel 1855, morto a Bologna nel 1912. Fu prima professore di liceo e poi universitario a Pisa, a Messina e infine a Bologna, quando Carducci lasciò la sua cattedra di letteratura italiana. La poesia Romagna fa parte della raccolta Myricae dove è molto forte il sentimento della natura. Famose anche molte poesie dei Canti di Castelvecchio.

*Le vaste e affollate spiagge della
riviera romagnola (Riccione).*

to più nota per le sue spiagge
che per le sue coltivazioni.
Nei centocinquanta chilometri
di costa romagnola, da Cattolica alle valli di Comacchio, si
trova infatti l'organizzazione
turistica marina più grossa e
meno cara di tutta l'Italia e
forse di tutta l'Europa.
Durante l'estate i turisti sono
numerosissimi (più di 15 milioni!) e molti anche stranieri, soprattutto tedeschi.
La Romagna offre vaste spiagge, anche se troppo affollate,
alberghi, pensioni e ristoranti
puliti e ben organizzati, che
hanno prezzi abbastanza buoni, cibo e balli a qualsiasi ora
del giorno e della notte, poiché

il cibo e il ballo sono le due
grandi passioni dei romagnoli.
A Rimini, la «capitale» della
riviera, che qualcuno ha chiamato la Las Vegas d'Europa,
ci sono *dancing* di tutti i tipi e
per tutti i gusti con orchestre e
cantanti di fama mondiale, effetti di luce sugli alberi, acqua-
ri*, fontane... e ogni sera gare di valzer, tango, cha-cha-
cha[10]. Altri centri importanti
della costa romagnola, che vivono soprattutto di turismo (la
loro popolazione in estate cresce tanto da avere un rapporto di 3 a 1 rispetto a quella del-
l'inverno), sono Riccione, Cesenatico, Cervia, Bellaria, Milano Marittima.

10. *gara... cha-cha-cha*: si chiama *gara*
una competizione fra individui o squadre
che praticano uno stesso sport o una
stessa attività come in questo caso il ballo. Il *valzer*, il *tango*, il *cha-cha-cha* sono
tipi di ballo tradizionale, detto «liscio», particolarmente amato in Romagna.

Storia e arte dell'Emilia-Romagna

L'Emilia-Romagna è stata una regione politicamente divisa fino alla metà dell'800.

Al suo interno hanno avuto storie diverse il Bolognese, il Ferrarese, il Ducato di Modena e Reggio, il Ducato di Parma e Piacenza, la Romagna, che comprende le province di Ravenna e di Forlì.

Poiché la storia di Bologna sarà trattata a parte, parliamo di Ferrara che si trova nella zona delle «bonifiche». Dal '200 alla fine del '500 nella città dominarono i duchi d'Este, che nel periodo rinascimentale la arricchirono di splendidi monumenti e ne fecero uno dei centri culturali più vivi d'Europa. Furono ospiti della corte estense grandi artisti del tempo come l'Ariosto[11] e il Tasso[12].

A Ferrara possiamo ammirare il castello degli Estensi, circondato dalle acque, nel centro della città, il palazzo dei Dia-

manti, il Palazzo di Schifanoia con i suoi bellissimi affreschi. A sud-est di Ferrara, nella pianura vicino al mare, si trova l'Abbazia di Pomposa, nata nel VII sec. per opera dei monaci benedettini[13]. La chiesa, il campanile, il monastero, il Palazzo della Ragione sono stati rifatti in epoche diverse, ma l'insieme risulta assai bello. Modena e Reggio, liberi Comuni, si offrirono ai Signori d'Este, alla fine del '200, nella speranza di far finire le discordie[14] interne. Quando gli Estensi persero Ferrara, Modena divenne la capitale del loro dominio ed essi vi rimasero fino all'Unità d'Italia. Il Duomo di Modena, costruito fra il 1000 e il 1100, è la più antica delle grandi cattedrali romaniche emiliane ed una delle meglio conservate.

Parma e Piacenza, dopo essere state dominio milanese sotto i Visconti, divennero ducato dei Farnese a metà del '500; passarono poi ai Borboni di Spagna e con il Congresso di Vienna (1815) a Maria Luisa, moglie di Napoleone. Parma, capitale del ducato, conserva monumenti importanti come il Duomo, che ha affreschi del Correggio[15] nella cupola, il battistero, il bellissimo Teatro Regio dove si rappresentano soprattutto opere liriche. A Parma è molto vivo il ricordo di Giuseppe Verdi, nato nella vicina campagna, a Roncole di Busseto (1813); vi si trova un Centro di studi verdiani.

La Romagna fu chiamata così perché dominata nel VI sec. dall'Impero Romano d'Oriente. Ravenna, allora sul mare, fu prima la capitale del regno dei goti[16] e poi la capitale ita-

11. *Ariosto*: Ludovico Ariosto nacque a Reggio Emilia nel 1474, ma passò la sua vita a Ferrara e fu uomo di corte. Morì nel 1533.
L'opera che lo ha reso famoso è l'*Orlando furioso*, un poema epico in cui i numerosissimi personaggi si muovono sullo sfondo della guerra fra i saraceni e i cristiani, ai tempi di Carlo Magno.

12. *Tasso*: Torquato Tasso nacque a Sorrento nel 1544 e morì a Roma nel 1595, ma passò molto tempo a Ferrara e fu sempre stipendiato e protetto dai duchi d'Este. Ha scritto molte opere in versi; la più famosa è la *Gerusalemme liberata*, un poema epico ambientato nella fase finale della prima Crociata per la liberazione del Santo Sepolcro, dove si intrecciano le storie, gli odi, gli amori dei guerrieri cristiani e musulmani.

13. *benedettini*: quello dei benedettini, fondato da San Benedetto da Norcia intorno al 529, fu l'ordine monastico più importante del Medioevo. I monaci benedettini si dedicano alla preghiera, ma lasciano anche un largo spazio alla vita attiva secondo il famoso motto *ora et labora*.

14. *discordia*: diversità di pensiero e di scopi tale da far nascere rivalità, litigi, battaglie. Il contrario di discordia è accordo. Di uso frequente anche nella lingua parlata è l'espressione «essere d'accordo» e la sua forma negativa «non essere d'accordo».

15. *Correggio*: Antonio Allegri detto il Correggio, pittore nato a Correggio, in provincia di Reggio Emilia nel 1489 ed ivi morto nel 1534. Fu tra i massimi artisti del '500; ha lasciato opere soprattutto a Parma dove si svolse quasi tutta la sua vita.

16. *goti*: tribù germanica originaria del baltico e quindi popolo di «barbari» per i romani. Nel 489 i goti con il loro capo Teodorico riuscirono ad impadronirsi di una zona dell'Italia intorno a Ravenna che divenne capitale del nuovo stato. Il regno di Teodorico ebbe un periodo di grande splendore.

A lato: Ferrara, il castello degli Estensi.

A lato: il battistero di Parma; in basso a sinistra: mosaico della chiesa di San Vitale a Ravenna; sotto: la pineta nei pressi di Ravenna, con il pino marittimo, tipico della macchia mediterranea.

liana dell'Impero. Restano di questi due periodi splendidi monumenti come la tomba di Galla Placidia, le chiese di San Vitale, di San Apollinare Nuovo e San Apollinare in Classe che hanno bellissimi mosaici[17] in oro e forti colori.

A Ravenna si trova anche la tomba di Dante, morto in questa città nel 1321.

Bologna: la dotta, la grassa, la turrita

Bologna fu fondata dagli etruschi con il nome di Felsina nel VI sec. a.C. Passò poi sotto i romani; nei primi anni del Medioevo ebbe poca importanza poiché con gli imperatori di Bisanzio la «capitale» fu Ravenna. Nell'età dei Comuni divenne invece un grande centro di commerci e di cultura. Nasce infatti a Bologna verso il 1100 una delle più antiche università del mondo e da allora la città sarà sempre un importante centro di studi tanto da essere chiamata «dotta», cioè sapiente. All'inizio del '500 fu conquistata dai Papi e fino al 1859 fece parte dello Stato della Chiesa.

Bologna è attraversata dalla via Emilia, la grande via costruita nel II sec. a.C. dal console romano Emilio Lepido, che taglia da nord-est a sud-ovest l'intera regione, e lungo la quale si trovano sei fra gli otto capoluoghi di provincia di questa regione.

Nel Medioevo si aggiunsero alla strada romana le caratteristiche vie medioevali che dalla Piazza centrale vanno verso le porte della città.

L'aspetto del centro bolognese è in gran parte medioevale còn le vie strette, le grandi chiese (la più bella è quella di San Petronio), il palazzo del Podestà e le torri che erano più di duecento ed hanno dato a Bologna l'aggettivo di «turrita».

17. *mosaico*: tecnica pittorica fondata sull'impiego di piccoli elementi (tessere) applicati ad una superficie.

Panorama di Bologna con Piazza Maggiore.

La maggior parte delle torri sono state distrutte; fra quelle rimaste sono famose la torre degli Asinelli e la torre della Garisenda.

Bella anche la parte cinquecentesca e seicentesca della città con le mura rosse, i palazzi dei nobili, i grandi portici.

Il centro storico di Bologna, nonostante le «distruzioni» della fine dell'800 e inizi del '900, è uno dei meglio conservati d'Italia. Si è cercato di conservare non solo i monumenti, le chiese e i palazzi, ma anche le abitazioni dei vecchi bolognesi.

Il «centro» così non è solo centro commerciale e turistico, ma anche centro di vita; i portici permettono di uscire a passeggiare e incontrarsi anche nella brutta stagione.

Infine, oltre che per l'Università, i portici, la splendida Piazza Maggiore, Bologna è nota per la sua cucina. Già nel Medioevo la città era detta la «grassa» per l'importanza data ai buoni cibi, tipica del resto di tutta la regione.

Sono piatti tipici bolognesi i tortellini, le tagliatelle, le lasagne con il ragù[18] «alla bolognese» che ormai si fa in tutta Italia, ma che solo in Emilia ha quell'ottimo gusto.

L'estero in casa: San Marino

Fra l'Emilia e le Marche, a pochi km da Rimini, si trova la Repubblica di San Marino che non fa parte dello stato italiano.

Si racconta che verso la metà del IV sec. un operaio di nome Marino andò a vivere sul Monte Titano e vi fece nascere una comunità religiosa. Nel Medioevo, poi, gli abitanti della pianura, per fuggire dai barbari, si trasferirono sul monte dove c'era un monastero dedicato a San Marino. Nell'XI sec. la gente del monte Titano formò un libero comune che, attraverso i secoli, aumentò la propria autonomia.

I Papi cercarono varie volte, specialmente nel 1500, di prendere San Marino, ma la piccola repubblica riuscì a resistere e sia Napoleone che il Congresso di Vienna la rispettarono come stato indipendente.

Dopo il Risorgimento San Marino si legò sempre più con il nuovo Stato italiano con patti economici e di amicizia.

Oggi la più piccola repubblica del mondo (la sua superficie è di circa 60 kmq) ha 18.000 abitanti. Il tipo di governo è democratico, il Consiglio generale, di 60 consiglieri eletti dal popolo, ha il potere legislativo e il Congresso di Stato, formato da 11 persone elette dal Consiglio, ha il potere esecutivo. Ogni sei mesi il Congresso elegge due Capitani che sono i Capi dello Stato.

Gli abitanti vivono soprattutto delle attività legate al turismo. San Marino infatti è visitata ogni anno da più di due milioni di turisti che vengono soprattutto dalle spiagge romagnole.

La piccola città-stato, costruita sulla cima del monte Titano, offre al turista con le antiche mura e le antiche torri i ricordi delle lunghe lotte per la libertà, ma soprattutto tanti *souvenir* fra cui i francobolli, molto richiesti dai collezionisti[19] di tutto il mondo.

18. *ragù*: dal francese *ragôut*. È il sugo che si fa per la pastasciutta (tagliatelle, maccheroni, spaghetti, tortellini, ecc.). Si prepara con cipolla, carota, prosciutto, carne di vitello, tutto battuto finemente, rosolato nell'olio, e poi fatto bollire a lungo con il pomodoro.

19. *collezionista*: chi colleziona, cioè raccoglie, oggetti che possono essere di svariatissimi tipi.
Vi sono collezioni importanti, fatte per scopi culturali, ma anche molte altre fatte solo per curiosità personale.
Si usa spesso l'espressione *fare collezione di...* per indicare il ripetersi di una stessa cosa. Esempio: «Mario fa collezione di insuccessi» o anche «Mario colleziona insuccessi».

Toscana

Superficie: 22.992 kmq

Popolazione: 3.579.000 ab.

Densità: 155 ab. per kmq

Capoluogo di regione: Firenze (475.000 ab.)

Capoluoghi di provincia: Livorno (178.000 ab.), Pisa (111.000 ab.), Pistoia (95.000 ab.), Lucca (92.000 ab.), Arezzo (91.000 ab.), Grosseto (68.000 ab.), Siena (65.000 ab.), Massa-Carrara (65.000-70.000 ab.)

Due parole di storia

La Toscana fu la terra dove maggiormente si sviluppò la civiltà etrusca.

Gli etruschi furono un popolo civilissimo, amante dell'arte e molto esperto* in agricoltura, nella lavorazione dei metalli e nella costruzione di opere in muratura. Da loro i romani, la cui civiltà si sviluppò in epoca successiva*, impararono molte cose.

Chiusi, Volterra e Cortona furono fra i più importanti centri etruschi e noi possiamo ammirare nei loro musei bellissimi oggetti, appartenuti a quella antica civiltà.

Anche nel Medioevo, al tempo dei liberi Comuni, lo sviluppo civile, spirituale ed artistico in Toscana fu grande; molte città, piccole e grandi, sono ancora oggi caratterizzate da chiese, palazzi e mura medioevali.

Nel periodo delle Signorie tutta la Toscana fu sotto il governo dei Medici e la città di Firenze conobbe il suo massimo splendore.

Dopo i Medici, altri Signori governarono la regione ed essa rimase uno Stato autonomo fino al 1860, quando i toscani, in modo del tutto pacifico, decisero di unirsi ad altre regioni per formare il Regno d'Italia.

E ora guardiamo il paesaggio

Il paesaggio della Toscana è bellissimo ed è molto piacevole viaggiare attraverso la campagna toscana.

La maggior parte del territorio della regione è caratterizzato dalle colline, dove si nota il verde argentato* degli ulivi e il verde cupo* dei cipressi, alberi che qui si trovano numerosi, talvolta isolati, in campagna, o più spesso in file diritte, lungo le strade che conducono alle ville o ai piccoli paesi, chiusi dalle mura medioevali.

Si vedono di frequente* anche grandi pini, e poi filari* di viti, e campi di grano, verdi o gialli, secondo le stagioni.

In mezzo alla campagna vi sono molte case isolate dove, fino a trenta anni fa, vivevano i contadini-mezzadri che coltivavano con grande cura il «podere», cioè una parte di terreno intorno alla casa, e dividevano i frutti a metà con il proprietario (per questo si dava loro il nome di mezzadri). Questo tipo di rapporto economico, conveniente per i proprietari, ma non per i contadini, ha aggravato* la crisi dell'agricoltura toscana.

Oggi molte cose sono cambiate: la campagna non è più coltivata dai mezzadri, ma da operai agricoli che vivono nei paesi e nei piccoli centri; le coltivazioni sono meno varie e più specializzate[1].

Nell'economia della regione, comunque, l'importanza dell'agricoltura è attualmente molto diminuita ed è aumentata quella dell'industria che oc-cupa il 40% dei lavoratori, mentre l'agricoltura solo il 10%[2]. Va ricordato che in Toscana le industrie grandi sono pochissime, vi sono invece molte piccole società che hanno alcune decine di lavoratori e un'organizzazione più artigianale[3] e familiare che veramente industriale.

In giro per le città

Le città della Toscana non sono molto grandi, ma ricche di monumenti artistici; il turismo è infatti molto forte in tutta la regione, visitata ogni anno da circa 10 milioni di turisti.

Firenze, la più grande, ha mezzo milione di abitanti ed è il capoluogo della regione. È ricchissima di monumenti e opere d'arte molto famose. Basta nominare il duomo, il campanile di Giotto, la chiesa di Santa Maria Novella, il palazzo della Signoria e i numerosi palazzi rinascimentali che caratterizzano la città con la loro archi-

Parco naturale di Bolgheri (Livorno).

1. *specializzate*: si coltivano cioè le stesse cose (soprattutto viti, ulivi e frumento sulle colline; mais e barbabietola da zucchero nelle zone pianeggianti), in grande quantità, con mezzi tecnici e sistemi industriali.

2. Il rimanente 50% dei lavoratori è occupato nei servizi.

3. *artigianale*: si dice artigianale una produzione limitata di oggetti in cui sono impegnati l'artigiano e pochi aiutanti.

tettura armonica. I musei sono numerosi e in quello degli Uffizi vi sono molte ·delle opere più famose del Rinascimento. A Firenze si possono comprare oggetti molto belli in paglia, in cuoio, e anche in oro, prodotti dall'artigianato locale. Molto più piccola ma splendida nella sua architettura medievale, è Siena. Nelle sue strette vie, nella bellissima Piazza del Campo, dove ogni anno si corre il Palio di cui parleremo a parte, quasi ci aspetteremmo di vedere uomini a cavallo e «madonne»* con vesti trecentesche. Siena è sede di una delle scuole per stranieri più importanti d'Italia, e di un'accademia musicale, la «Chigiana», dove giungono*, ogni estate, musicisti di fama mondiale. E non si può dimenticare Pisa, città che come Firenze, è attraversata dal fiume Arno e che offre al turista la sua meravigliosa piazza dei Miracoli, con il duomo, il battistero[4] e la

4. *battistero*: il battistero è una chiesa, generalmente piccola, costruita esclusivamente per battezzarvi i bambini. In Toscana, è molto bello e famoso, oltre al battistero di Pisa, anche quello di Firenze, che si trova nella Piazza del Duomo.

A lato: Palazzo della Signoria o «Palazzo Vecchio» a Firenze; sotto: Pisa, la Piazza dei Miracoli.

A lato: Lucca con la caratteristica piazza; sotto: San Gimignano (Siena), detta la città delle torri.

torre pendente[5]. Sono belle città, caratterizzate da costruzioni medievali, Lucca e Arezzo, dove si possono vedere gli affreschi di Piero della Francesca, nella chiesa di San Francesco.

Vi sono poi molti piccoli centri, meno noti, ma bellissimi, che hanno chiese romaniche di grande valore, mura e torri del '200, palazzi rinascimentali. Ricordiamo, fra tutti, Volterra, vicino a Pisa, famosa anche per la lavorazione dell'alabastro[6], Pienza e San Gimignano nei pressi di Siena, Cortona fra Siena ed Arezzo.

5. *torre pendente*: si chiama così perché pende, cioè non è diritta; pende dall'epoca della sua costruzione (XII sec.), a causa di un cedimento del terreno.

6. *alabastro*: una pietra molto tenera e quindi facile da lavorare, bella perché lascia passare la luce. Anticamente si usava per le finestre, oggi si fanno con esso piccoli oggetti come posaceneri, vasetti, ecc.

Firenze: lo splendore del Rinascimento

A Firenze, nel 1400, la ricca famiglia dei Medici riuscì ad avere da sola il governo della città e così il libero Comune si
trasformò in Signoria. Cosimo
fu il primo Signore di Firenze.
Egli era un abile* uomo politico e un banchiere ugualmente abile e fortunato, che spese
molto denaro per lo sviluppo
della cultura e delle arti. Firenze divenne così, nel Rinascimento[7], il maggiore centro artistico e culturale d'Italia.
Lorenzo, detto il Magnifico[8],
nipote di Cosimo, egli stesso
letterato e poeta, riunì* a Firenze filosofi, architetti, pittori, scultori e poeti del tempo.
La vita, in quel periodo, fu caratterizzata dalla ricerca della
bellezza, dell'armonia*, del sapere, come testimoniano gli
scritti, gli affreschi e tutte le
meravigliose opere che ci sono
rimaste e di cui Firenze è ricchissima.
Ricordiamo il palazzo Rucel-
lai, progettato da Leon Battista Alberti, le bellissime sculture delle porte del battistero,
opera di Filippo Brunelleschi,
che progettò anche la cappella
dei Pazzi e la cupola del Duomo, chiamato Santa Maria del
Fiore per la sua particolare forma architettonica.
A Firenze troviamo anche molte opere famose di Michelangelo Buonarroti, il più grande artista del Rinascimento.

Siena: il Palio

Non è facile dire che cosa è il
Palio di Siena, perché il Palio
è molte cose.

Siena: Piazza del Campo dominata dalla Torre del Mangia.

La parola «Palio», nel Medioevo, indicava il drappo* di
stoffa pregiata che si dava in
premio ai vincitori delle gare
fatte con i cavalli; più tardi si
chiamò con questo nome la gara stessa.
Le origini del Palio di Siena ri-
salgono al 1200, quando si facevano, in onore della Madonna Assunta, corse di cavalli per
le vie della città. Anche oggi c'è
una corsa di cavalli, non più
per le vie della città, ma nella
splendida Piazza del Campo;
ogni cavallo con il proprio
fantino* rappresenta una
«contrada». Il territorio della
città è diviso infatti in diciasset-
te parti che si chiamano «contrade» e che hanno nomi che
sembrano strani ai non sene-
si: Aquila, Bruco, Chiocciola,
Civetta, Drago, Giraffa, Istri-
ce, Leocorno, Lupa, Nicchio,
Oca, Onda, Pantera, Selva,
Tartuca, Torre, Valdimontone.
Ogni senese appartiene, per

7. *Rinascimento*: il periodo di storia italiana compreso fra la prima metà del 1400
e la fine del 1500, caratterizzato soprattutto da un grande sviluppo delle arti e
della cultura; fu definito Rinascimento
perché parve una rinascita dell'antica civiltà di Roma.

8. *Magnifico*: Lorenzo dei Medici era
chiamato il Magnifico, cioè grande e bello insieme, perché era ricco, ma genero-
so con gli artisti, ed era abile ed esperto
in campo politico, culturale e artistico come doveva essere il vero uomo del Rinascimento.

tutta la vita, alla contrada in cui nasce, e ha per la sua contrada un grande amore, che diventa passione quando c'è la corsa.

Ma il Palio, che si corre due volte all'anno, il 2 luglio e il 16 agosto, è anche una grande festa, bellissima per il suo carattere storico (che trova nelle vie e nei palazzi di Siena una cornice perfetta), per la forte partecipazione della gente, per la ricchezza dei colori e dei canti. Durante i festeggiamenti* del Palio, che durano quattro giorni e si concludono con la corsa, ogni senese va nella propria contrada dove si fanno cene tutti insieme, nelle vie o nelle

piccole piazze, dove si beve vino, si canta e si partecipa alle varie cerimonie, anche religiose, che ricordano chiaramente l'origine medioevale di questa festa.

Lingua italiana e lingua toscana

Ogni straniero che viene in Italia, specialmente se viene per imparare la lingua, apprende molto presto che la «vera lingua italiana» si parla in Toscana.

In effetti a Siena e a Firenze soprattutto, ma anche nelle altre città toscane, il linguaggio comune e quotidiano della gente è di poco diverso dall'italiano che si studia sui libri e che gli stranieri sentono parlare a scuola, dagli insegnanti. In Toscana, a differenza delle altre regioni italiane, non esiste un dialetto. Ma perché? Nel 1300, in Italia si parlavano lingue diverse nelle diverse regioni, anche se c'erano molti aspetti comuni poiché tutte queste lingue o dialetti regionali derivavano dal latino.

In questo stesso secolo tre grandi scrittori toscani, Dante, Petrarca e Boccaccio, scrissero le loro opere non in latino, ma nella lingua che il popolo, ormai da tempo, parlava in Toscana.

La grande fortuna che ebbero le novelle del Boccaccio[9], le poesie del Petrarca[10], e, soprattutto, *La Divina Commedia* di Dante Alighieri[11], fece divenire il dialetto fiorentino lingua letteraria italiana. Nel medesimo* periodo mercanti e banchieri di Pisa, di Lucca, di Siena e di Firenze, che erano

9. *Giovanni Boccaccio*: nato a Certaldo (Firenze) nel 1313 e ivi morto nel 1375, è il primo grande prosatore della letteratura italiana. Il suo capolavoro è il *Decameron*, una raccolta di cento novelle in cui il B. descrive, con grande capacità di penetrazione psicologica, la vita quotidiana degli uomini dove si alternano nobili sentimenti e astuzie senza scrupoli.

10. *Francesco Petrarca*: nato ad Arezzo nel 1304 e morto ad Arquà (Padova) nel 1374, è uno dei più grandi poeti lirici italiani. Nel bellissimo *Canzoniere*, raccolta di oltre trecento poesie, cantò l'amore per Laura. È considerato anche uno dei primi «umanisti» in quanto fu studioso di *humanae litterae* greche e latine.

11. *Dante Alighieri*: nato a Firenze nel 1265 e morto a Ravenna nel 1321, è forse il più grande poeta italiano. La sua *Divina Commedia* è un'opera grandiosa che descrive in versi un viaggio immaginario attraverso l'Inferno, il Purgatorio e il Paradiso.
Dante è considerato, giustamente, il padre della lingua italiana, anche perché scrisse per primo che il latino sarebbe tramontato e la nuova lingua sarebbe stata «luce nuova».

Siena: un momento del Palio.

talmente ricchi da prestare denaro ai re e al papa, viaggiavano in Italia e all'estero e facevano conoscere, anche nel mondo degli affari*, la lingua toscana. Così il toscano da dialetto regionale si trasformò in lingua nazionale italiana.

La cucina regionale

La cucina italiana cambia da una regione all'altra.
Ogni regione ha non solo i suoi piatti tipici, ma anche un modo particolare di cucinare, legato a ciò che la regione produce: la cucina delle regioni del Nord usa molto burro e molto riso, carne più che pesce; nelle regioni del Centro i cibi si preparano generalmente con olio di oliva, si mangia molto pane e pasta, come al Sud dove si consumano anche molte verdure fresche e pesce.
Un tempo, quando le comunicazioni erano lente e difficili, e c'erano pochissimi scambi*

commerciali fra le regioni italiane[12], la cucina era per forza legata ai prodotti locali. Oggi questi motivi, che hanno creato le differenti* cucine regionali, non esistono più, ma le diversità rimangono e si vedono chiaramente nei pasti quotidiani delle famiglie. Nei ristoranti si può ormai mangiare di tutto, anche cibi che vengono dall'estero.
La cucina toscana è molto semplice, la carne si cucina solo con olio, sale e pepe.
Altri piatti toscani tipici si preparano con il pane duro e la verdura: sono la «ribollita», la «pappa con il pomodoro» e la «panzanella». Anche con i fagioli[13] i toscani preparano dei piatti semplici e molto buoni. E naturalmente in Toscana si beve vino, soprattutto rosso, che sta bene con questi cibi e che si produce in grande quantità sulle colline della regione.
Non tutto il vino toscano è Chianti, ma tutto è buono o buonissimo come il Brunello di Montalcino.

12. Non bisogna dimenticare che fino a metà del secolo scorso non esisteva lo Stato italiano; le regioni erano Stati autonomi o dipendevano da nazioni straniere. In ogni caso per andare da una regione all'altra occorreva il passaporto, per le merci si pagava la dogana.

13. *fagioli*: sono i semi di una pianta, il fagiolo, che appartiene alle leguminose. Per questo i fagioli, come i ceci, i piselli, e le lenticchie, si indicano anche con il termine generico di legumi.

Le colline del Chianti.

Umbria

Superficie: 8.456 kmq

Popolazione: 799.000 ab.

Densità: 94 ab. per kmq

Capoluogo di regione: Perugia (137.000 ab.)

Capoluogo di provincia: Terni (113.000 ab.)

Verde Umbria

Il «verde» è veramente il colore dominante* di ogni paesaggio dell'Umbria, l'unica regione dell'Italia peninsulare* non bagnata dal mare. In Umbria tuttavia le acque sono numerose: il fiume Tevere con i suoi affluenti attraversa la regione da nord a sud; è interamente umbro il lago Trasimeno, il maggiore dei laghi dell'Italia del centro-sud.

Così la ricchezza delle acque mantiene verde la vegetazione* della valle del Tevere, sia i prati non coltivati sulle terre più alte sia i boschi di lecci e di querce[1], vasti e numerosi sulle montagne. Nella bassa pianura si coltiva grano, mais, tabacco, vite ed olivo. Alla presenza di tante querce, che danno le ghiande, è legato l'allevamento dei suini, tipico di queste zone ma condotto, come l'agricoltura, in modo arretrato* e pertanto con scarsi risultati sul piano economico.

Anche in Umbria, come in Toscana, il sistema della mezzadria, molto diffuso fino agli anni '60, ha pesato negativamente sullo sviluppo e la modernizzazione dell'agricoltura. L'Umbria comunque alle sue acque non deve solo la bellezza del verde paesaggio, ma anche il settore più vivo della sua economia: la produzione di energia idroelettrica. È infatti la cascata delle Marmore, for-

1. lecci... querce: sono alberi di alto fusto, appartenenti alla stessa famiglia; danno un frutto, la ghianda, usato nell'alimentazione dei suini.

La cascata delle Marmore.

mata dal fiume Velino, che scende sul Nera con un salto di 160 m, che alimenta importanti centrali elettriche.

Queste centrali hanno permesso lo sviluppo di un'industria importante come le acciaierie di Terni e permettono all'Umbria di esportare energia elettrica nelle altre regioni d'Italia.

L'attività turistica

L'attività agricola è in Umbria arretrata e poco redditizia, quella industriale ben sviluppata solo a Perugia, dove si trovano due importanti industrie alimentari, la Perugina e la Buitoni, e a Terni dove si produce energia elettrica e acciaio. Ma nel suo complesso l'industria umbra è insufficiente per permettere alla regione un vero sviluppo economico.

Il turismo perciò, in un'economia così modesta, ha un notevole peso. Certamente anche questa attività potrebbe dare frutti maggiori se l'Umbria non fosse così lontana dalle maggiori vie di comunicazione nazionali, ma comunque un numero notevole di turisti italiani e stranieri visitano ogni anno i molti centri artisticamente importanti.

Nel Medioevo, dopo il 1000, l'Umbria è stata una delle regioni più vive e più attive dell'Italia centrale, i suoi Comuni furono ricchi e forti ed oggi conservano caratteristiche e splendidi monumenti di quell'epoca.

Parleremo a parte di Perugia e di Assisi, ma non possiamo dimenticare Foligno, Gubbio e Todi, piccole ma bellissime nel loro aspetto tipicamente medievale e i loro eleganti palazzi comunali.

Più a sud, sempre nella provincia di Perugia, si trova Spoleto che ha una delle piazze più belle del mondo; vi si tiene ogni anno il «Festival dei due mondi», con ottimi spettacoli di vario genere.

Orvieto, in provincia di Terni, è famosa soprattutto per il suo Duomo, monumento gotico[2] fra i più belli d'Italia; nella facciata[3] vi sono dei meravigliosi mosaici dorati, splendenti sotto i raggi del sole.

Insomma è l'Umbria una regione difficile da raggiungere, ma tutta da vedere.

2. *monumento gotico*: monumento tipico del basso Medioevo, caratterizzato da strutture che si innalzano molto in senso verticale e dagli archi a «sesto acuto».

3. *facciata*: la struttura esterna principale di un edificio, corrispondente a un lato del suo perimetro.

Orvieto in mezzo alla bellissima campagna umbra.

Perugia:
l'Università per stranieri

Perugia, capoluogo della regione, è costruita su di un colle. È una città antica, ricca di monumenti artistici etruschi, medioevali e rinascimentali; ricordiamo la porta etrusca, la cattedrale, il palazzo dei Priori e la loggia di Braccio Fortebraccio.
Ma Perugia più che per i suoi musei e palazzi richiama tanta gente per le sue Università, una delle quali è riservata agli stranieri.
L'Università per stranieri di Perugia è nata nel 1926; è perciò vecchia di 60 anni ed è stata, fino a dieci anni fa, il solo istituto in Italia autorizzato a rilasciare agli stranieri diplomi di buona conoscenza di lingua e di cultura italiana. Dal 1976 anche la Scuola per stranieri di Siena è un istituto di istruzione superiore, ufficialmente riconosciuto in Italia e all'estero.
A Perugia arrivano ogni anno più di 6.000 studenti di oltre cento paesi del mondo. Vengono per imparare la lingua italiana soprattutto statunitensi, inglesi, francesi, svizzeri, tedeschi, ma non mancano australiani, spagnoli, greci, iugoslavi, arabi. Così nel settecentesco palazzo Gallenga, sede dell'Università, nella piazza Grimana e nella bella piazza Centrale di Perugia si vede in ogni stagione una folla vivace e varia di giovani di tutte le razze che danno alla città un aspetto cosmopolita.
I corsi di lingua si dividono in Preparatorio (dove si iscrivono gli studenti che conoscono poco o niente di italiano), Medio e Superiore. Gli studenti stranieri portano a Perugia circa due miliardi di lire all'anno; ci guadagna soprattutto il settore degli alberghi e ristoranti, ma anche l'artigianato, il commercio e un po' tutta la città, la quale ha però, talvolta, anche molti problemi dovuti all'eccessivo* affollamento*.

Perugia: la piazza Centrale con la fontana Maggiore.

Assisi: San Francesco

Assisi, comune della provincia di Perugia, a 25 km dal capoluogo, è la cittadina* dell'Umbria più nota.

Si è sviluppata soprattutto in epoca medioevale e le sue torri, vie e piazze ne conservano il tipico aspetto.

Ma più che ai monumenti del Medioevo, Assisi deve la sua fama al ricordo di San Francesco, che sembra rivivere nelle chiese e nella campagna circostante* e per cui la piccola città è un po' il simbolo del cristianesimo francescano e nello stesso tempo uno dei maggiori centri della cultura religiosa d'Italia.

San Francesco, nato ad Assisi nel 1182, figlio di un ricco mercante, rinunciò alle ricchezze e visse a contatto con la natura. Predicò l'amore verso tutte le cose, la gioia, la rinuncia al potere e ai beni materiali; le sue parole furono rivoluzionarie nel cristianesimo del tempo, dove dominava il timore del «castigo»* di Dio.

Il suo amore lieto per la natura si ritrova nel «Cantico delle creature» che il Santo scrisse prima di morire e che è una delle prime opere letterarie in lingua italiana.

Ad Assisi, nella chiesa di San Francesco, che ha due piani, troviamo splendidi affreschi di Cimabue[4], Simone Martini[5], Pietro Lorenzetti[6], e soprattutto di Giotto che illustrano la vita del Santo. Sono molto belli anche il convento di San Damiano e la chiesa di Santa Chiara, compagna di San Francesco.

Oggi il ricordo della pace, del silenzio, della serena natura francescana non si ritrovano facilmente in una Assisi affollatissima, piena di rumori e di *souvenir* di cattivo gusto.

È meglio andarci d'inverno, quando non è piacevole passeggiare per le strette vie dove soffia quasi sempre un vento freddo, ma nelle chiese, davanti agli affreschi, i visitatori sono rari e si può ammirare con calma la grande arte dei maestri del '200 e del '300.

Panorama di Assisi.

4. Cimabue: pittore fiorentino della seconda metà del 1200. Si dice che sia stato maestro di Giotto.

5. Simone Martini: pittore senese vissuto fra la fine del 1200 e la prima metà del 1300, ha lasciato molte opere famose fra cui la *Maestà* e il *Guidoriccio da Fogliano*, nel Palazzo Pubblico di Siena.

6. Pietro Lorenzetti: pittore senese del 1300 è, insieme al fratello Ambrogio, una delle più grandi figure della pittura italiana di quell'epoca.

Il folklore

L'Italia è molto ricca di folklore*. Ogni regione, e all'interno di ogni regione, ogni città, talvolta ogni piccolo centro, ha le sue tradizioni popolari, più numerose e vitali* al Centro e al Sud che non al Nord.

Alcune di queste tradizioni vivono ormai solo nel ricordo degli anziani o nei libri, altre hanno invece profonde radici nell'animo della gente e vengono fatte rivivere ogni anno in manifestazioni di grande bellezza, altre ancora sono poco più che occasioni di festa, ripetute per scopi turistici.

Molto del folklore si richiama a fatti storici, più o meno noti, ma anche a personaggi e fatti religiosi locali, ad usanze* di epoche passate.

Nell'Italia centrale molte manifestazioni si rifanno alla vita del Medioevo con i suoi aspetti religiosi e la rivalità* delle contrade, come il famoso Palio di Siena.

Nel suo insieme, il folklore umbro è ancora tra i più ricchi e vivi d'Italia.

È molto conosciuta la corsa dei Ceri*, che viene fatta il 15 maggio di ogni anno a Gubbio. Tre ceri grandissimi vengono portati sulle spalle da uomini delle varie contrade i quali attraversano di corsa le vie della città fino alla chiesa di Santo Ubaldo, che si trova sul vicino monte Igino.

Ad Assisi c'è, tra il 21 e il 22 giugno, la festa del Voto, in ricordo della vittoria sui saraceni, raggiunta grazie a Santa Chiara. La sera del 21 giugno tutta la città è illuminata da migliaia di fiaccole* per ricordare la Santa che pregava per la salvezza della città, ed è questo uno spettacolo molto bello.

È di origine secentesca la Giostra della Quintana, che si fa a Foligno ogni anno nella seconda domenica di settembre. È una gara di abilità a cavallo; i dieci cavalieri che vi partecipano rappresentano le contrade cittadine.

Certo in mezzo a tanti spettacoli luminosi, alla musica e ai canti c'è un aspetto negativo del folklore, quando esso copre i problemi di tipo sociale ed economico di una città o di un'intera regione.

Può essere giusto, e anche bello, rivivere le glorie e le tradizioni del proprio passato, ma non si possono per questo dimenticare le miserie* del presente né rinunciare allo sviluppo futuro.

Palazzo dei Consoli a Gubbio (Perugia).

Marche

Superficie: 9.694 kmq

Popolazione: 1.390.000 ab.

Densità: 144 ab. per kmq

Capoluogo di regione: Ancona (108.000 ab.)

Capoluoghi di provincia: Pesaro (90.000 ab.), Ascoli Piceno (57.000 ab.),
Macerata (44.000 ab.)

Un popolo di contadini

Nel paesaggio delle Marche la pianura è quasi assente. Il suo territorio è per circa 1/3 montuoso (Appennino umbro-marchigiano) e per circa 2/3 collinoso. Tra tutte le regioni italiane è quella che ha più colline. Ma nonostante la mancanza di pianure, l'attività prevalente nelle Marche è l'agricoltura[1].

I marchigiani sono un popolo di contadini veri, attaccati alla terra, equilibrati, che si accontentano del necessario.

Le colline sono tutte coltivate, soprattutto a grano, anche dove il rendimento per ettaro è basso, ma sono numerose pure le vigne che danno uva da tavola e ottimi vini (Sangiovese e Verdicchio). Nella brevissima pianura tra le colline e il mare vi sono orti e frutteti; vengono da qui cavolfiori, pomodori, piselli e pesche. Le zone più alte sono lasciate a pascolo per le pecore e i buoi il cui allevamento è assai diffuso. L'agricoltura di questa regione, però, anche se non è povera ha

molti limiti. I poderi sono in genere piccoli, talvolta producono solo per l'autoconsumo[2], il numero delle macchine agricole è molto scarso. Il sistema della mezzadria scompare più lentamente che in altre regioni come la Toscana e l'Emilia.

Anche se ultimamente il turismo marittimo e la pesca[3] spostano la vita economica verso la costa e il capoluogo di regione, Ancona, si trova sul mare, i marchigiani si sono sempre tenuti stretti alla terra. Il folklore, le credenze, i costumi[4] sono legati alla campagna e all'agricoltura più che al mare, anche perché anticamente le popolazioni vivevano solo nell'interno, nei numerosissimi paesini sulle cime delle colline, mentre la costa era completamente disabitata[5]. Sono rimaste attraverso il tempo alcune tradizioni * rurali * come la paziente lavorazione del merletto e la cucina semplice e genuina *. Viene dalle Marche «la porchetta», che oggi ha passato i confini della regione ed è

1. Le Marche sono una delle regioni dove meno sviluppata è la grande industria. Manca una tradizione industriale anche perché non ci sono le materie prime da lavorare né le fonti di energia. La crescita industriale è stata inoltre limitata dalle difficoltà delle vie di comunicazione. Ci sono raffinerie di petrolio e cantieri navali ad Ancona, una importante fabbrica di motociclette (la Benelli) a Pesaro. Si è molto sviluppato, negli ultimi anni, il turismo, del tipo di quello romagnolo, sulle spiagge delle Marche settentrionali (Gabicce, Pesaro, Fano, Senigallia).

2. *autoconsumo*: consumo limitato ai proprietari o ai coltivatori del podere. Molte parole si compongono con «auto» (dal greco *autós* = sé, stesso) e prendono il significato di «di se stesso», «da se stesso». Ad es. *autobiografia*, biografia di se stesso, *autodidatta*, che si è istruito da sé, ecc.

3. Ricordiamo che San Benedetto del Tronto è uno dei maggiori centri di pesca del Mediterraneo e che le Marche sono al terzo posto fra le regioni italiane per la quantità di pesce pescato in un anno. In Italia, comunque, in generale la pesca ha importanza limitata. Per quanto gli italiani, in confronto con abitanti di altri paesi, non mangino molto pesce, quello che si pesca in Italia non è sufficiente.

4. *credenze... costumi*: si usa il termine *credenza* per indicare l'insieme delle tradizioni e delle leggende di un popolo. Più ampiamente, è ciò che si crede, l'opinione. Per *costumi* si intendono le usanze.

5. *disabitato*: non abitato. Si dice di un luogo privo di persone che vi risiedono. Il prefisso verbale e nominale «dis» è presente in molte parole per indicare separazione, opposizione. Es.: disonore, onore; disubbidiente, ubbidiente, ecc.

arrivata anche all'estero. Si prepara con un piccolo maiale intero a cui vengono tolti gli ossi ed aggiunto aglio, rosmarino, sale e pepe. Il maialino, così preparato, viene arrostito in forno e mangiato generalmente freddo.

Le strade romane

Le Marche sono caratterizzate dalle difficoltà delle comunicazioni che ne hanno reso difficile l'industrializzazione. I romani tuttavia vi costruirono due importanti strade che ancora oggi collegano le Marche alle regioni che si trovano al di là dell'Appennino: sono la via Flaminia e la via Salaria. La via Flaminia da Roma, attraverso l'Umbria, raggiunge Fano sull'Adriatico, continua poi per Pesaro e Rimini dove inizia la via Emilia. Fu costruita

nel 220 a.C. da Gaio Flaminio, quando questo uomo politico e generale romano di famiglia plebea[6] era censore[7].
La via Salaria, una delle più antiche strade romane, era così chiamata dai latini poiché era la via del commercio del sale; passa per Ascoli Piceno ed arriva fino a San Benedetto del Tronto.
Le strade romane in Italia non sono solo la via Flaminia e la via Salaria. Prima della costruzione delle autostrade infatti, in Italia, si viaggiava ancora attraverso le antiche vie romane che collegano Roma con le varie città italiane, e anche oggi esse sono utilizzate, soprattutto per viaggi brevi.
Le strade romane sono certamente una delle opere più grandi dell'antichità. Prima dei romani le strade erano molto rare e costruite male; i romani collegarono tutte le città del

6. plebeo: relativo alla plebe romana. Nella Roma antica i cittadini non avevano uguali diritti. I patrizi, discendenti dalle antiche famiglie, possedevano la maggior parte delle terre e ricoprivano tutte le cariche pubbliche (magistrature). I plebei invece, detti anche con un nome collettivo «la plebe», erano esclusi dalle magistrature: erano cittadini poveri, contadini con poche terre, o commercianti che, se facevano debiti e non potevano pagarli, perdevano la libertà e venivano venduti come schiavi dai creditori. Verso il 500 a.C. i plebei cominciarono a lottare per l'uguaglianza; la lotta durò più di 200 anni, ma vi furono molti successi. Nel 366 a.C. fu eletto il primo console (importante magistrato) plebeo.
Oggi il sostantivo plebe e l'aggettivo plebeo si usano anche (ma non molto) con senso dispregiativo per indicare la parte peggiore del popolo. Con analogo significato è più usato il termine «plebaglia».

7. censore: magistrato romano che esercita «la censura». I censores erano sempre due, provvedevano al censimento dei cittadini, sia per iscriverli nelle liste elettorali che per applicare loro le tasse dovute; sorvegliavano la morale cittadina, preparavano le liste per la nomina dei membri del Senato dal quale potevano anche allontanare gli indegni.
Il termine censura e il verbo censurare indicano oggi il controllo preventivo delle opere (libri, opere teatrali, opere cinematografiche, televisione, ecc.) da diffondere fra il pubblico. Nel linguaggio comune si usano talvolta per indicare un richiamo severo, una critica profonda.

La rocca (fortezza, castello fortificato) di Senigallia.

l'impero con strade, costruite in modo quasi perfetto. Sceglievano sempre la via più breve per collegare due località, anche quando dovevano costruire ponti e gallerie, poiché per i romani le strade servivano soprattutto per permettere alle legioni[8] di spostarsi velocemente. Attraverso queste vie comunque non passarono solo i soldati, con esse furono possibili anche molti importanti scambi commerciali e culturali. La via Appia, detta *regina viarum*, è la più antica strada romana; arriva fino a Brindisi, da dove le navi romane partivano per la Grecia e per l'Oriente. Sono inoltre da ricordare la Cassia, l'Aurelia e l'Emilia, anche oggi molto utilizzate. Si dice giustamente in Italia: «Tutte le strade portano a Roma».

Urbino, la capitale del Rinascimento

Urbino è oggi una piccola città che divide con Pesaro il titolo di capoluogo della provincia più settentrionale delle Marche.
La sua economia è legata soprattutto al turismo e all'Università[9].
Si trova sulle colline che dall'Appennino arrivano fino al mare, ad una altezza di circa 500 metri.
Ma questa piccola città è stata una capitale.
Con Federico da Montefeltro, signore della città dal 1444 al 1482, Urbino fu infatti una delle «capitali» della cultura rinascimentale.
Tutta la città, chiusa nelle sue mura, è come un grande palazzo e il palazzo dei Montefeltro è il suo salotto. L'esterno del palazzo è quasi fiabesco *, l'interno ha ampie sale che al tempo di Federico erano ricche di statue, di strumenti musicali, di ottimi libri greci e latini che i grandi uomini dell'epoca, ospiti della corte[10] dei Montefeltro, leggevano, chiusi nelle loro stanze.
Oggi le sale del grande palazzo sono molto diverse da come le aveva viste Baldassar Castiglione[11], che all'inizio del suo

8. *legione*: unità organica dell'esercito romano, costituita da un numero variabile di soldati, a seconda dei tempi (da seimila a quattromila).

9. Urbino è sede di una Università, famosa e molto frequentata, fondata nel 1506. Nelle Marche, che hanno meno di un milione e mezzo di abitanti, ci sono quattro Università: Urbino, Camerino, Macerata, Ancona. Tante Università sono anche il risultato dell'isolamento delle città marchigiane e delle loro rivalità.

10. *corte*: si indica con questo termine la famiglia e tutto il seguito di un sovrano, un signore. Si usa anche come sinonimo di «reggia», cioè residenza del sovrano, del re. In senso figurato «fare la corte», specialmente ad una donna, significa rivolgere particolari attenzioni e devozione per ottenerne i favori.

11. *Baldassar Castiglione*: letterato e scrittore (1478-1529). Fu il tipico uomo del Rinascimento, colto nelle lettere classiche e nelle arti cavalleresche. Frequentò le più importanti corti italiane e fu a lungo presso i Montefeltro.
Nel suo *Cortegiano* ci dà una descrizione del perfetto uomo di corte e insieme della vita che si svolgeva, nel 1500, nei grandi palazzi dei «Signori». Vi è nella sua opera anche un discorso sulla lingua: il C. è contrario alla superiorità della lingua fiorentina e toscana e pensa ad una lingua nazionale, tratta dai vari dialetti.

Cortegiano parla a lungo di Urbino («Alle pendici dell'Appennino, quasi in mezzo all'Italia, verso il mare Adriatico, è posta, come ognun sa, la piccola città di Urbino…»), dell'origine della Signoria dei Montefeltro, della splendida cultura della corte.

Il palazzo è stato purtroppo saccheggiato[12] più volte, e in modo particolare da Napoleone.

È oggi tuttavia Galleria Nazionale delle Marche e vi si possono ammirare opere di Piero della Francesca[13], di Paolo Uccello[14], di Andrea del Verrocchio[15] ed altri, oltre allo splendido ritratto femminile di Raffaello, detto *La Muta*.

Non dimentichiamo infatti che proprio nel clima culturale e artistico del palazzo urbinate si formò il grande Raffaello[16], nato nella stessa Urbino nel 1483, il quale fece anche i bellissimi ritratti di Guidobaldo da Montefeltro e della sua sposa Eleonora Gonzaga, attualmente conservati a Firenze, nel Museo degli Uffizi.

Il natìo borgo selvaggio

Fra le regioni italiane le Marche sono forse quella meno conosciuta un po' perché Ancona, capoluogo di regione, è meno grande e, storicamente e geograficamente, meno importante di altri, un po' perché le Marche non hanno avuto, come molte altre regioni italiane, vicende storiche e culturali caratteristiche e comuni a tutta la regione. Per loro natura poi i

12. *saccheggiato*: da *saccheggiare*, appropriarsi in modo violento dei beni altrui. L'azione è riferita soprattutto agli eserciti nei territori nemici, ma lo stesso verbo si usa anche come sinonimo di *rapinare, derubare*.

13. *Piero della Francesca*: pittore nato e morto a Borgo San Sepolcro (Arezzo) 1415/20-1492. Lavorò molto nelle Marche, soprattutto a Urbino, dove eseguì i bellissimi ritratti di Federico da Montefeltro e di Battista Sforza che si trovano a Firenze, nella Galleria degli Uffizi. Tra le opere più famose ricordiamo gli affreschi della chiesa di San Francesco ad Arezzo che rappresentano le *Storie della Croce*.

14. *Paolo Uccello*: pittore il cui vero nome è Paolo di Dono, nato e morto a Firenze (1397-1457). Fu un artista molto originale che amò riprodurre, specialmente in gioventù, soggetti animali, anche fantastici. Fra le sue opere più belle e famose ricordiamo le tavole delle battaglie di San Romano: una si trova a Firenze, Galleria degli Uffizi. Bellissime e singolari le scene della *Leggenda della profanazione dell'ostia* che sono nel Palazzo ducale di Urbino.

15. *Andrea del Verrocchio*: pittore e scultore (Firenze 1435 - Venezia 1488). È una figura molto nota del '400 fiorentino, anche perché fu maestro di Leonardo da Vinci, ma ci sono scarsi documenti relativi alla sua attività. Tra le sue opere più famose ricordiamo la tavola rappresentante il *Battesimo di Cristo*, Firenze, Galleria degli Uffizi; il *David* in bronzo, oggi al Museo del Bargello di Firenze e il monumento equestre a Bartolomeo Colleoni che si trova a Venezia.

16. *Raffaello Sanzio*: pittore (Urbino 1483 - Roma 1520). Nonostante la breve vita lavorò moltissimo. Molto famosi sono le sue Madonne, fra cui la *Madonna del cardellino* che si trova agli Uffizi di Firenze, e i suoi ritratti.
Fu chiamato a Roma da Papa Giulio II per affrescare il nuovo appartamento papale. Tra gli affreschi delle stanze vaticane ai quali lavorarono molto anche i giovani della sua scuola, ricordiamo la *Scuola di Atene* (1509-11) e la *Messa di Bolsena* (1512).

Il palazzo Ducale di Urbino.

marchigiani amano poco la pubblicità.

Pochi conoscono Ascoli Piceno, che pure è una delle più belle città d'Italia. E la splendida Urbino, anche se più nota, è visitata da un numero abbastanza limitato di turisti.

Ma pochi luoghi sono stati cantati in poesie bellissime come Recanati, un paese della provincia di Macerata che si trova, come la maggior parte dei centri marchigiani, sulla cima di un colle.

Recanati è infatti il «natìo borgo selvaggio»[17] di Giacomo Leopardi (Recanati 1798 - Napoli 1837), il più grande poeta italiano dell'800 e uno dei più grandi di tutti i secoli.

Troviamo in gran parte della poesia leopardiana i luoghi e il «clima» di Recanati con la sua «torre antica»[18], la sua piazza e la mentalità* chiusa e retriva* della sua gente. Il «borgo selvaggio» è amato dal poeta come l'immagine dell'infanzia[19] felice, e odiato come una terribile prigione[20] da cui bisogna fuggire*.

E mentre Leopardi nelle sue poesie esprimeva tristezza e rimpianti*, un altro genio marchigiano, Gioacchino Rossini (Pesaro 1792 - Passy 1868), esprimeva, con la sua musica, allegria e voglia di vivere. Rossini ha scritto anche opere serie, ma le più famose e più belle sono le opere buffe come *Il Barbiere di Siviglia* e *La gazza ladra*.

Anche oggi nelle piazze di tutta Italia, quando c'è festa, si suonano molto spesso le *Sinfonie* di Rossini, che sono appunto festose e piene di allegra fantasia.

17. *«Il natio borgo selvaggio»*: Leopardi usa questa espressione nella poesia che si intitola *Le Ricordanze*, una delle più belle e famose insieme a *L'infinito, A Silvia, Il sabato del villaggio, Il passero solitario* e altre, raccolte nei *Canti*. Leopardi scrisse anche opere in prosa: *Lo Zibaldone* e *Le Operette morali* nelle quali esprime le sue considerazioni filosofiche sul mondo e sugli uomini.

18. «D'in sulla vetta della torre antica, passero solitario, alla campagna cantando vai finché non more il giorno...» Con questi versi inizia la poesia *Il passero solitario*. La vetta della torre antica è il campanile di Sant'Agostino, a Recanati.

19. *infanzia*: la prima età dell'uomo. Propriamente va da 0 a 6 anni, poiché si chiama fanciullezza l'età fra i 6 e i 12 anni. Spesso tuttavia si parla di infanzia anche per i 6-12 anni in quanto i termini fanciullezza e fanciullo non sono più molto usati. L'età successiva, che va dai 12 ai 18 anni, si chiama adolescenza.

20. *prigione*: si dice genericamente di un luogo opprimente in cui ci si sente prigionieri. Nell'uso familiare della lingua è sinonimo di carcere, che è il luogo dove vengono rinchiuse le persone private della libertà personale, perché riconosciute «colpevoli» dal tribunale giudiziario. In Italia, secondo la legge, la pena più severa è l'ergastolo, cioè il carcere a vita.

La piazzetta del Sabato del villaggio.

Lazio

Superficie: 17.203 kmq

Popolazione: 4.959.000 ab.

Densità: 288 ab. per kmq

Capoluogo di regione: Roma (2.884.000 ab.)

Capoluoghi di provincia: Latina (91.000 ab.), Viterbo (58.000 ab.), Frosinone (45.000 ab.), Rieti (42.000 ab.)

Il Lazio senza Roma

Roma è la più grande città italiana, è la capitale d'Italia e la capitale del mondo cattolico. Ha perciò poco in comune con la regione di cui è capoluogo. La regione senza Roma, in cui vive il 70% della sua popolazione, ha una densità di abitanti piuttosto bassa e una economia prevalentemente agricola. Il terreno del Lazio è soprattutto collinoso. Una parte delle colline, nel centro-nord, sono di origine vulcanica e conservano ancora grandi crateri* in alcuni dei quali ci sono ora dei laghi, di forma rotonda, molto pittoreschi: sono i laghi di Bolsena, di Vico, di Bracciano, di Albano e di Nemi. Le pianure erano un tempo paludose e perciò incolte[1]; dopo la prima guerra mondiale, furono fatti grossi lavori di bonifica, specialmente nell'Agro Pontino, e oggi queste zone sono intensamente coltivate. Nella parte pianeggiante, intorno a Roma, si coltivano soprattutto verdura e frutta per la grande capi-tale, sulle colline olivi e viti che danno vini bianchi famosi: i vini dei Castelli. Il settore industriale è ancora piuttosto arretrato. L'unica grande industria è, a Roma, quella cinemato-

1. *incolto*: non coltivato. «In» si usa molto come prefisso negativo e privativo. Es.: abile-inabile; comprensibile-incomprensibile; ecc.

Il lago di Vico a sud di Viterbo.

grafica di Cinecittà. Nelle province di Latina e Frosinone sono nate, negli ultimi tempi, industrie chimiche ed elettroniche oltre che alimentari.
Nella parte settentrionale del Lazio, che è la più povera, c'è Viterbo, una città poco conosciuta, ma molto bella con il suo Palazzo papale, la Cattedrale e molte altre eleganti costruzioni medioevali. Nella sua provincia ci sono Tarquinia, dove si possono vedere le più belle tombe etrusche, e Tuscania che conserva due tra le chiese medioevali più importanti dell'Italia centrale: San Pietro e Santa Maria Maggiore. Queste due chiese, non molto note poiché Tuscania rimane fuori dalle grandi vie di comunicazione e dal «giro» del turismo, sono di una bellezza rara e suggestiva*.

La storia di Roma

Nessuna altra città al mondo ha una storia tanto interessante e antica quanto Roma.
Roma nacque 26 secoli fa da alcuni villaggi che si trovavano sui sette colli, alla sinistra del fiume Tevere, e che erano abitati dai Latini. Divenne subito importante perché attraverso il Tevere si arrivava facilmente al mare, allora via quasi unica del commercio. La leggenda* narra invece che Roma fu fondata da Romolo, che ebbe una vita quanto mai singolare: figlio del dio Marte, insieme al fratello Remo, era stato abbandonato sul Tevere e si era salvato, perché una lupa[2] gli aveva dato il suo latte.
Dopo circa 250 anni di monarchia, Roma diviene una repubblica con due consoli, un Sena-

Una veduta caratteristica della campagna romana.

2. lupa: il lupo è un animale selvatico della famiglia dei Canidi, che oggi, in Italia, è rimasto solo nei Parchi nazionali protetti. Una lupa che allatta due gemelli è nello stemma della città di Roma.

to e varie altre cariche elettive. All'interno ci sono le lotte fra patrizi e plebei[3], ma all'esterno la città è sempre più potente e, con la distruzione di Cartagine (146 a.C.), essa è padrona di tutta l'Italia e di quasi tutto il Mediterraneo. Intanto le lotte fra i cittadini si fanno più forti e decidono la fine della Repubblica: nel 48 a.C. Giulio Cesare diviene dittatore a vita e dopo di lui, con Ottaviano Augusto, nasce l'Impero romano.

Nel periodo imperiale la cultura latina si fa più ricca e raffinata*, si sviluppano il cristianesimo e poi le persecuzioni[4] contro di esso da parte di alcuni imperatori come il famoso Nerone (54-68 d.C.).

Alla fine del IV secolo d.C. l'impero romano si divide in due: impero romano d'occidente e impero romano d'oriente. L'impero romano d'occidente ha vita breve poiché nel V sec. i popoli germanici, i cosiddetti «barbari», cominciano ad occupare il territorio dell'impero e arrivano fino a Roma.

Durante il Medioevo, Roma acquista di nuovo importanza come sede del papato, e nel Rinascimento, nel '600 e '700 la vita nella città è vivacissima, ricca di cultura e di arte; il papa è il capo di uno Stato che comprende il Lazio, le Marche, l'Umbria e la Romagna. I pontefici, in questi secoli, hanno una corte splendida, molte ricchezze e possono permettersi di avere i migliori artisti e far costruire chiese grandiose, piene di tesori d'arte.

Con il Risorgimento[5] italiano lo Stato della Chiesa perde i suoi territori e nel 1870 la città di Roma, occupata dai soldati italiani, diviene la capitale d'Italia.

Quanto sei bella Roma!

«Quanto sei bella Roma in prima sera...»: così dice una canzone di alcuni anni fa, una delle tante che sono state dedicate a questa città piena di fascino.

A Roma sono stati fatti, in questo secolo, molti interventi distruttivi, soprattutto dal governo fascista, che distrusse vecchie abitazioni popolari e addirittura borghi medioevali per dare più spazio ai grandi monumenti dell'Impero romano come il Colosseo. Ed è Roma una città con molti problemi: baracche e miseria, popolazione e traffico eccessivi, mancanza di verde, ecc.

Ma nonostante ciò Roma è bellissima. Ogni anno arrivano a Roma, da tutte le parti del mondo, più di quattro milioni di turisti[6].

Forse il fascino particolare di questa città sta nell'avere monumenti e opere d'arte quasi di ogni secolo e stile, ma che formano un insieme armonioso di forme e colori, di antico e moderno.

Il Colosseo, il Foro e le altre splendide rovine dell'antica Roma sono in mezzo al traffico cittadino; il rosso dei mattoni[7] e il colore dorato del travertino[8] si mescolano al verde dei lecci e dei pini, ai colori delle piante fiorite quasi tutto l'anno, poiché la città ha un clima assai dolce.

A Roma sono moltissime le cose da vedere e moltissimi i capolavori d'arte.

3. patrizi e plebei: vedi nota n. 6 di «Le strade romane» (Marche).

4. persecuzione: forma radicale e spietata di lotta contro le minoranze. Il termine si usa anche nel linguaggio quotidiano per indicare ciò che costituisce un'oppressione esasperata.
I cristiani, tollerati in un primo tempo a Roma, vennero poi perseguitati perché si rifiutavano di venerare l'imperatore ed erano considerati turbatori dell'ordine pubblico. I fedeli di Cristo venivano torturati e uccisi in vari modi; spesso erano fatti divorare da animali feroci all'interno del Colosseo. Per sfuggire alle persecuzioni si riunivano nei loro cimiteri sotterranei, detti «catacombe».

5. Risorgimento: vedi nota n. 19 di «Torino: la sua storia» (Piemonte).

6. L'industria alberghiera di Roma rende miliardi e tutte le attività collegate al turismo sono una della maggiori fonti di guadagno della città.

7. mattone: parallelepipedo di terracotta, fatto cioè con argilla cotta ad alta temperatura, che si impiega nelle costruzioni. L'uso dei laterizi (nome collettivo con cui si indicano i materiali da costruzione in terracotta come i mattoni e le tegole) risale agli etruschi ed è molto diffuso in alcune regioni italiane come il Lazio e la Toscana.

8. travertino: è una roccia sedimentaria calcarea di colore bianco-giallastro. È molto usata come materiale da costruzione e da rivestimento in tutta Italia, ma particolarmente a Roma e in Toscana, poiché il travertino si trova soprattutto nella provincia di Siena e nelle campagne romane. Il nome deriva dal latino *lapis tibertinus* = pietra di Tivoli.

Ricordiamo per le antichità romane i Fori, il Colosseo, le Terme[9] di Diocleziano e di Caracalla, il Pantheon, la Via Appia antica e la meno conosciuta, ma bellissima, via Prenestina; del periodo medieva-

le alcune celebri chiese come Santa Maria in Trastevere e San Lorenzo.

C'è poi la Roma rinascimentale, ricca e raffinata, che ci ha lasciato il ricordo di papi[10] potenti e corrotti*, che faceva-

9. terme: erano edifici con ambienti e attrezzature per bagni caldi e freddi. In epoca imperiale le terme raggiunsero una grande perfezione tecnica nei sistemi di riscaldamento. Erano per i romani luoghi di svago e di riposo dopo il lavoro della giornata, ma anche luoghi di incontro e di studio. Oggi il termine indica uno stabilimento, annesso a una sorgente termale, che ha il necessario per utilizzare la sorgente per scopi terapeutici vari. In Italia sono famose le terme di Chianciano (Siena), di Salsomaggiore (Parma), di Fiuggi (Frosinone), ecc.

10. Ricordiamo il papa Alessandro VI della famiglia Borgia (1431-1503), famoso per la protezione e i favori accordati ai figli, e per le persecuzioni contro i nemici. Anche i figli, Cesare e Lucrezia Borgia, divennero famosi per la loro corruzione e crudeltà.

In alto: il Foro di Augusto (Roma); a sinistra: il famoso mercato di Porta Portese a Roma.

no soldi con la vendita delle indulgenze[11], che avevano figli a cui davano beni e territori. Ma ci sono rimaste di questa epoca forse le cose più belle di Roma: la Cappella Sistina, la Basilica di San Pietro, i palazzi Vaticani, la Chiesa di Santa Maria degli Angeli, i palazzi Capitolini e i molti altri bellissimi palazzi della nobiltà* dell'epoca.

Anche del '600, in cui si svilupperà lo stile «barocco», ci sono a Roma monumenti molto celebri e belli come piazza Navona, piazza San Pietro, opera del Bernini[12], fontana di Trevi e palazzi, e chiese, e pitture e sculture.

E ci sono ancora la Galleria d'arte moderna, piazza di Spagna, Trinità dei Monti, Villa Borghese, piazza del Popolo e tutti i meravigliosi panorami che si vedono dai sette colli… Non si può non andare a Roma!

Roma capitale d'Italia

Il '700 e l'800 furono secoli in cui la città di Roma si ingrandì* e vi si fecero sistemazioni importanti come quella di piazza del Popolo e del Pincio ad opera dell'architetto Valadier, ma quando Roma divenne capitale d'Italia (1870) il suo sviluppo cominciò ad essere eccessivo e disordinato. Furono

11. *indulgenza*: il termine genericamente indica un atteggiamento di tolleranza e di mitezza.
Secondo la dottrina cattolica l'indulgenza è la remissione della pena (purgatorio) dovuta a Dio per i peccati. Nel '300 si introdusse l'uso, da parte della chiesa, di vendere le indulgenze, che divenne con alcuni papi un'operazione finanziaria di vasto raggio.
La vendita delle indulgenze, indetta da Leone X per procurarsi denaro per la fabbricazione della basilica di San Pietro, fu uno dei motivi per cui Lutero e i suoi seguaci si misero contro la Chiesa di Roma (Riforma protestante).

12. *Bernini Gian Lorenzo*: architetto, scultore, pittore (Napoli 1598 - Roma 1680). Lavorò molto a Roma per commissione dei papi.
La sua architettura guarda all'arte romana dei sec. II e III d.C. e ne ripropone alcuni elementi con gusto molto originale.
La scultura ha una grande potenza figurativa, raffinata e di tipo ellenico.
Fra le opere ricordiamo la fontana del Tritone, la fontana delle Alpi e quella di piazza Navona, il baldacchino della basilica e il colonnato della piazza San Pietro.

Roma: piazza San Pietro.

costruiti edifici per i ministeri[13] e molti quartieri per gli impiegati.

Sparirono molte delle ville e dei giardini della nobiltà romana che si trovavano nel centro di Roma e gli speculatori edili fecero affari d'oro.

Da allora l'immigrazione dalle campagne vicine e dalle regioni più povere dell'Italia centro-meridionale è stata fortissima.

Ogni anno arrivano a Roma migliaia di giovani, e meno giovani, che cercano un lavoro qualunque, che sperano di ottenere, prima o poi, un posto di usciere in un ministero o in un altro dei tanti uffici della pubblica amministrazione. E vi arrivano anche molti giovani che vedono la «capitale» come una città dove c'è più «vita», dove ci sono quelli che «contano» e dove si può tentare il successo.

Ma spesso gli uni e gli altri devono attendere molto per trovare una occupazione fissa e una casa; nell'attesa stanno in ambienti non sani, talvolta nelle baracche di Malabarba o del Prenestino, che non hanno né luce né acqua, e per vivere fanno lavori non sempre legali e protetti.

Roma, che ha oggi 3.000.000 di abitanti, ne aveva solo 226.000 nel 1870, ma per rispondere a questo eccessivo aumento demografico, non ancora finito, non ci sono stati programmi né per la costruzione di nuove case e servizi né per la diminuzione del traffico cittadino.

La speculazione edilizia è stata in questa città più forte che in altre e si sono costruiti quartieri periferici, le «borgate», come le chiamano i romani, (Pietralata, Tiburtino, Quarticciolo, ecc.) con case altissime e fitte, senza alberi né spazio per i giochi dei bambini. Il problema del traffico sempre più congestionato * è legato alla presenza, nel centro della città, dei numerosissimi uffici pubblici.

Roma è una città di impiegati. I dipendenti statali sono addirittura il 29% della popolazione attiva, gli impiegati in servizi non di stato il 15%, e nessuno di essi vive in centro, dove molte vecchie abitazioni sono state distrutte, altre restaurate, ma con prezzi che i lavoratori non possono pagare. Ed è un vero e proprio «esercito» di gente quello che ogni mattina si sposta dalle borgate periferiche e dai paesi della provincia verso il centro della città, che non è collegato alla periferia dalla metropolitana come in quasi tutte le grandi città del mondo. A formare le lunghe file di macchine si aggiungono cittadini che vengono da ogni parte d'Italia per cercare di sapere in quale ufficio dei ministeri si è persa una loro «pratica»[14]. La pubblica amministrazione è in Italia fortemente centralizzata; tutto quanto riguarda la scuola, ad esempio, passa dagli uffici romani del ministero della Pubblica Istruzione.

È così Roma una città bellissima per i turisti, ma non per i suoi abitanti, che perdono ogni giorno due o tre ore di viaggio per andare a lavorare, che vivono in una periferia brutta e triste, non vedono più il Foro o il palazzo Altieri e non godono dei meravigliosi tramonti e panorami della loro città.

13. Quando Roma divenne capitale, l'Italia era una monarchia con a capo il re Vittorio Emanuele II di Savoia. Dopo la II guerra mondiale si fece, il 2 giugno 1946, un «referendum nazionale» e la maggior parte degli italiani votò a favore della Repubblica. Il 1° gennaio 1948 l'Italia ebbe una nuova Costituzione repubblicana. L'articolo 1 della Costituzione afferma che «l'Italia è una Repubblica democratica fondata sul lavoro».
Il capo dello Stato è il Presidente della Repubblica che viene eletto dal Parlamento; la sua residenza è al Quirinale. Il potere legislativo è esercitato dal Parlamento, che si compone della Camera dei deputati e del Senato; il Parlamento ha sede a Montecitorio, il Senato a palazzo Madama. Deputati e senatori vengono eletti dal popolo attraverso i partiti politici. La Costituzione prevede il suffragio universale: sono elettori tutti i cittadini che hanno la maggiore età (18 anni). Il potere esecutivo è esercitato dal Governo della Repubblica, che è composto dal Capo del Governo, detto anche Presidente del Consiglio dei ministri, e dai ministri stessi. La formazione del Governo deve essere approvata dal Parlamento. Ogni ministro è a capo di un ministero che si occupa di un particolare settore dell'amministrazione dello Stato (ministero degli Esteri, della Difesa, della Pubblica Istruzione, ecc.).
Il potere giudiziario appartiene alla Magistratura, che è autonoma e indipendente da ogni altro potere.

14. *pratica*: il termine si usa per indicare una prassi amministrativa, come ad esempio una domanda di pensione o di avanzamento di carriera con le relative documentazioni, controlli e firme, dei funzionari che devono legittimare la richiesta.

Cinecittà e il cinema italiano

L'industria cinematografica è una delle pochissime grandi industrie romane. Si trovano infatti a Roma, a soli 9 km dal centro della città, gli stabilimenti di produzione cinematografica di Cinecittà, nati verso la metà degli anni '30. Furono ristrutturati dopo la guerra e sono oggi tra i migliori d'Europa. Gli «studi» di Cinecittà vengono spesso utilizzati da produttori stranieri, anche se attualmente diviene sempre più frequente l'abitudine di «girare» all'aperto.

Sono state scritte a Cinecittà molte delle pagine più interessanti della storia del cinema. La vera produzione industriale del film comincia in Italia nel 1903. Nascono subito le grandi dive* come Lyda Borelli e Francesca Bertini che entrano in concorrenza* con i nomi già famosi degli altri Paesi; sono attrici del genere romantico, sempre un po' teatrali[15] nella loro recitazione. Dagli anni '20 alla fine della II guerra mondiale il cinema italiano ha periodi di crisi e periodi più felici, in cui si fanno anche film che valgono. Ma il grande momento inizia dopo la guerra, quando registi italiani come Roberto Rossellini, Vittorio De Sica, Luchino Visconti, fanno una serie di film sulle situazioni umane e sociali create dalla guerra appena passata o presenti nel difficile dopoguerra. La grossa novità portata dal cinema italiano di questo periodo, che verrà chiamato «neorealismo», è il tentativo di fare il film negli ambienti genuini, tra gente vera, talvolta con attori presi dalla strada.

Si parlerà molto, soprattutto in America, del neorealismo italiano e molti registi stranieri si rifaranno a questa esperienza importantissima.

Tra i film più belli e famosi ricordiamo: *Roma città aperta* (1945) e *Paisà* (1946) di Rossellini; *Sciuscià* (1946) e *Ladri di biciclette* (1948) di De Sica; *La terra trema* (1948) e *Bellissima* (1952) di Visconti. È interprete femminile di alcuni di questi film la grande attrice Anna Magnani.

In tempi recenti il cinema italiano si è imposto ancora all'attenzione internazionale con grandi registi come Federico Fellini (*La strada* 1954, *La dolce vita* 1959, *Otto e mezzo* 1963, *Satyricon* 1969, *Amarcord* 1973, *Casanova* 1976, *La città delle donne* 1980), Michelangelo Antonioni, Pietro Germi, Monicelli ed altri.

Anche tra i registi che si sono fatti conoscere negli ultimi venti anni troviamo molti nomi famosi: Rosi, Pasolini, Olmi, Petri, Bellocchio, Bertolucci, i fratelli Taviani, ecc.

Il più piccolo stato del mondo

Il più piccolo stato del mondo (superficie kmq 0,44; abitanti meno di 1.000) è la Città del Vaticano, nato nel 1929 con la firma dei Patti lateranensi[16] fra l'Italia e il pontefice.

Nel suo piccolo territorio ci sono grandissime ricchezze artistiche. Comprende infatti la basilica di San Pietro, che è il monumento più importante e famoso di Roma con la splendida cupola, opera di Michelangelo[17]; i palazzi vaticani

15. *teatrale*: l'aggettivo è qui usato nel senso di enfatico, declamatorio. Le dive degli anni '20 erano infatti solite interpretare i loro personaggi con gesti vistosi e poco naturali.

16. *Patti lateranensi*: si indicano con questo nome i trattati fatti fra lo Stato italiano e il papa l'11-2-1929 nel palazzo del Laterano. I Patti lateranensi, noti anche con il nome di «Conciliazione», ebbero soprattutto lo scopo di riconciliare lo Stato italiano e il papa. Il papa infatti, dal 1870, quando il governo italiano aveva fatto occupare la città di Roma, ultima parte dello Stato pontificio su cui ancora regnava, si era considerato prigioniero di «una dominazione ostile» e non aveva più voluto trattare con lo Stato italiano. Con i Patti lateranensi fu creato lo Stato della Città del Vaticano e furono riconosciute alla Santa Sede una serie di garanzie, anche economiche. Furono inoltre regolate le condizioni della religione e della Chiesa in Italia. Riguardo a questa ultima parte, che si indica con il nome di «Concordato», vi è stata una revisione, voluta dal governo italiano, nel novembre del 1984.

17. *Michelangelo Buonarroti*: scultore, pittore, architetto (Caprese, ora in provincia di Arezzo 1475 - Roma 1564). È uno degli artisti più profondi e originali di tutti i tempi di cui facilmente si scriverebbero molte pagine, anche per il grande fascino della sua personalità. Difficile è citare le sue opere più belle e famose, perché ha lavorato moltissimo e l'elenco sarebbe troppo lungo, come è difficile dire se Michelangelo fu più grande pittore o scultore o architetto. Ricordiamo comunque fra le sculture: le tre famosissime *Pietà*, il *Mosè* che si trova nella chiesa di San Pietro in Vincoli a Roma, il *David* a Firenze. Fra le pitture: gli affreschi della Cappella Sistina, la *Sacra Famiglia*, che si trova a Firenze, Galleria degli Uffizi, insieme ai numerosi disegni dei nudi. Fra le opere architettoniche: la cupola di San Pietro e la sagrestia nuova della basilica di San Lorenzo a Firenze. Nelle splendide Cappelle medicee, a Firenze, Michelangelo è insieme architetto e scultore.

Sopra: gli scavi di Ostia, antico porto di Roma; in basso: la Cappella Sistina con gli affreschi di Michelangelo.

con le stanze dipinte da Raffaello, residenza del Papa; i musei e le biblioteche dei palazzi stessi; la cappella Sistina con gli affreschi del *Giudizio universale* di Michelangelo, che sono forse l'opera pittorica più grandiosa di tutti i tempi e di tutto il mondo.

Lo Stato Vaticano, come centro della Chiesa cattolica, che conta 600 milioni di fedeli, è di grande importanza. Nei suoi palazzi lavorano moltissimi religiosi che sono in contatto con tutti i Paesi del mondo. Ogni anno vi sono continui pellegrinaggi* di fedeli che vengono da ogni parte della terra, visite di capi di Stato e di ministri; i pellegrinaggi divengono poi particolarmente numerosi quando ci sono occasioni speciali come la celebrazione dell'Anno Santo[18].

La Città del Vaticano, come un vero Stato, ha la sua moneta, i suoi francobolli, la sua stazione radio, ecc.

18. *Anno Santo*: detto anche Giubileo, è celebrato ogni 25 anni ed è un anno in cui il papa concede un perdono generale dei peccati, sotto determinate condizioni. La condizione più importante è la visita alle quattro maggiori basiliche di Roma.

Abruzzo e Molise

Abruzzo - **Superficie**: 10.794 kmq

        Popolazione: 1.221.000 ab.

        Densità: 113 ab. per kmq

        Capoluogo di regione: L'Aquila (66.000 ab.)

        Capoluoghi di provincia: Pescara (135.000 ab.), Chieti (56.000 ab.), Teramo (51.000 ab.)

Molise - **Superficie**: 4.438 kmq

        Popolazione: 340.000 ab.

        Densità: 76 ab. per kmq

        Capoluogo di regione: Campobasso (45.000 ab.)

        Capoluogo di provincia: Isernia (18.000 ab.)

Ora in terra d'Abruzzo i miei pastori...

L'Abruzzo[1] è la regione più montuosa dell'Italia centro-meridionale. Qui i monti dell'Appennino, che occupano i 2/3 della superficie della regione, raggiungono quasi i 3.000 metri e hanno le cime sempre coperte di neve. Le montagne hanno reso difficili le comunicazioni e lo sviluppo dell'agricoltura, non favorito neppure dalla natura del terreno, per lo più calcareo.

Così per secoli gli abruzzesi sono stati pastori. Ai tempi del Regno di Napoli migliaia di greggi passavano l'estate in Abruzzo, tanto che per avere più pascoli furono tagliati grandi boschi e oggi specialmente i monti esterni che scendono verso il mare sono brulli*, disabitati e franosi*. All'arrivo del freddo, pecore e pastori andavano in Puglia o nel Lazio dove trovavano un clima più mite e dei pascoli ancora verdi; ritornavano ogni

anno sui loro monti in primavera.

Gabriele D'Annunzio[2], poeta abruzzese, ci dà una bellissima immagine di questi viaggi ripetuti per millenni da padri e figli.

«Settembre, andiamo.
È tempo di migrare.
Ora in terra d'Abruzzo
i miei pastori
lascian gli stazzi[3]
e vanno verso il mare
…
E vanno pel tratturo
antico al piano,
quasi per un erbal
fiume silente,
su le vestigia[4]
degli antichi padri.
…».

Questo spostamento dei greggi si chiama «transumanza». Oggi si fa ancora, ma in misura minore, perché i pascoli della Puglia vengono coltivati a grano e perché in Abruzzo le pecore sono meno numerose che in passato. Comunque pecore e pastori non vanno più per i «tratturi», cioè le grandi

1. La regione viene anche chiamata Abruzzi poiché anticamente era divisa in Abruzzo Citeriore a sud del fiume Pescara e Abruzzo Ulteriore a nord dello stesso.

2. *Gabriele D'Annunzio*: poeta, romanziere e drammaturgo (Pescara 1863 - Gardone Riviera 1938). Influenzò molto la letteratura italiana del primo '900. La sua concezione della vita è legata al mito del «superuomo», cioè dell'esaltazione delle qualità eroiche ed eccezionali. La critica oggi rivolge la sua attenzione soprattutto alla lirica più che ai romanzi e ai drammi. Tra le sue numerosissime opere ricordiamo per le poesie la raccolta di *Alcyone*, per i romanzi *Il Piacere* e *Il Trionfo della morte*, per il teatro *La figlia di Jorio* e *La fiaccola sotto il moggio*.

3. *stazzi*: ovili, recinti dove si tengono le pecore.

4. *vestigia*: orme, tracce, ricordi.

Lanciano (Chieti) che conserva importanti monumenti medioevali.

strade erbose, simili ad un verde fiume silenzioso, lungo centinaia di km, ma viaggiano in treno o in autocarro.

Dagli ultimi anni dell'800 le difficili condizioni di vita hanno costretto molti abruzzesi ad emigrare verso Roma, Milano, la Svizzera e anche verso i paesi d'oltre Oceano. Adesso la popolazione dell'intera regione è meno della metà di quella di Roma, con più donne che uomini, più vecchi che giovani. Negli ultimi anni sono state costruite in Abruzzo tre autostrade e molte strade che hanno liberato la regione dall'isolamento, ma essa è ancora una delle più povere d'Italia. Le zone montane non hanno avuto un vero sviluppo economico e la stessa produzione artigianale di oggetti in rame, pizzi, tessuti e gioielli che si faceva in passato è quasi sparita o è esclusivamente fatta per i turisti delle località più fortunate perché più vicine alla strada per Roma.

Lo stesso capoluogo di regione, L'Aquila, che si sviluppò soprattutto nel '600 come città di pastori, è oggi una città di impiegati pubblici.

Il centro industriale degli Abruzzi è Pescara, capoluogo di provincia dal 1926, che ha una popolazione doppia di quella della «capitale». In provincia di Pescara è stato trovato del metano che ha favorito le industrie chimiche, metallurgiche e del vetro; lungo le sue coste sono abbastanza sviluppati la pesca e il turismo marino, soprattutto a Vasto.

Molise giovane e povero

Il Molise è la più giovane delle regioni italiane, poiché fino al 1963 il suo territorio faceva parte della regione abruzzese. È anche la più piccola dopo la Valle d'Aosta, ed è una delle più povere.
L'attività più importante è l'agricoltura che occupa il 48% della popolazione attiva, ma il terreno è arido e franoso, con frequenti terremoti e perciò poco adatto alle coltivazioni. La coltura dominante è quella dell'olivo; l'olio della provincia di Campobasso è molto famoso. Dove è possibile si coltivano grano e granoturco (che danno però redditi molto scarsi), ortaggi e legumi. In Molise c'è un solo centro che può chiamarsi città ed è Campobasso, il capoluogo di regione. Solamente Isernia, capoluogo di provincia dal 1970, e Termoli, cittadina della costa in cui sono abbastanza attivi la pesca e il turismo, superano i 10.000 abitanti.
Gli altri centri sono «borghi», quasi sempre alti, sui colli. Lungo la loro strada principale ci sono i vecchi palazzi dei «galantuomini», come vengono chiamati in dialetto locale i proprietari terrieri e quelli che hanno studiato: i pochi impiegati, gli insegnanti, il medico e il farmacista.
Dietro la strada principale, lungo vicoli stretti e ripidi, ci sono le case dei contadini con la cucina e la camera da letto non ben separate dalle stalle delle bestie.
Nel Molise, nel 1981, il 30% delle abitazioni occupate mancavano di acqua potabile, servizi igienici* ed elettricità.
Dai borghi i giovani sono partiti per i pochi centri turistici della costa o sono emigrati (dal 1961 al 1971 il Molise ha perso 40.000 abitanti!), i vecchi invece partono ogni mattina per andare a coltivare le loro terre, talvolta distanti alcuni chilometri dalle abitazioni.
L'unica eccezione in questo quadro di vita agricola, povera e arretrata, è uno stabilimento della FIAT che da poco si trova a Termoli. Esso ha creato nuovi posti di lavoro e quindi un vantaggio per l'economia della regione, ma non

L'Aquila: la facciata di Santa Maria di Collemaggio (XIII sec.).

sappiamo ancora se riuscirà a risolvere realmente, almeno in parte, i grossi problemi del Molise.

Feste popolari e antiche tradizioni

L'isolamento dell'Abruzzo e del Molise ha favorito il folklore e la conservazione di antiche tradizioni e feste che si ripetono ogni anno nelle strade e nelle piazze con una forte partecipazione popolare. Il sentimento religioso è stato in queste regioni sempre molto vivo, anche se talvolta unito a superstizioni[5] e cerimonie pagane*.

Ogni piccolo centro ha la sua festa del Santo protettore con processioni[6], canti, fuochi, giochi e tanta gente vestita con i costumi* tradizionali; i colori di quelli femminili sono molto vivaci: giallo e rosso per le spose, verde e azzurro per le ragazze, con decorazioni in oro e argento per tutte.

A Cocullo, in provincia dell'Aquila, si dice che il Santo protettore, San Domenico, abbia il potere di guarire dal morso* dei serpenti. Per questo il primo giovedì di maggio la statua[7] del Santo viene portata in processione ricoperta di serpenti, presi su montagne vicine da uomini che vengono detti «serpari».

Alcune feste religiose sono caratterizzate da rappresentazioni e scene della Bibbia, del Vangelo, della vita dei Santi. A Campobasso si fa una processione in cui gli uomini portano sulle spalle 13 «Misteri», cioè 13 rappresentazioni di fatti religiosi, costruite con pezzi di acciaio leggero e personaggi vivi. Queste rappresentazioni hanno significati molto elementari, con il demonio*, simbolo del male, sempre in lotta con i Santi.

Sono anche molto vive alcune feste rurali, legate alle stagioni. A Sulmona (L'Aquila), nella grande piazza, la cerimonia della Pasqua rappresenta anche la gioia per il ritorno della primavera che per i montanari di tutto il mondo è la fine dell'isolamento. In molte località, la prima domenica di maggio si fa la festa di «Calendimaggio». Di solito viene portato in giro, per il paese e le campagne, un ramo di albero con i fiori, dolci e altri cibi; oppure un grosso fantoccio[8], vestito di fiori, va in ogni casa, balla e canta la canzone del «Maggio», mese dell'abbondanza.

In Abruzzo il canto ha una parte importante in tutte le manifestazioni della vita. Si tratta di canti molto semplici che

5. superstizione: credenza o pratica non razionale, fondata su presupposti magici ed emotivi. Le superstizioni sono generalmente diffuse in società ed ambienti culturalmente arretrati.

6. processione: si dice processione un corteo religioso che si fa con fedeli ed ecclesiastici; si porta per le vie della città una statua di Santo o di Madonna, o un altro simbolo sacro, si canta e si prega. In senso figurato si chiama processione una lunga fila di persone che vanno verso lo stesso luogo.

7. statua: è un'opera di scultura che rappresenta una figura umana o animale. Può essere di materiali vari: di marmo, di pietra, di bronzo, di legno, ecc.

8. fantoccio: figura umana fatta con materiale e tecniche facili. Fanno fantocci i ragazzi per giocare, per fare gli scherzi di carnevale, ecc. Talvolta, come in questo caso, dentro il fantoccio si nasconde un uomo che lo fa muovere.

Il massiccio (gruppo di montagne con una sola base) del Gran Sasso.

parlano delle stagioni, del lavoro dei campi, ma soprattutto dell'amore. Le madri cantano sempre per i loro bambini, i giovani cantano per le ragazze e per le giovani spose. Ad Ortona (Chieti) c'è ogni anno la festa della canzone abruzzese che viene accompagnata con strumenti tipici come la cornamusa o la zampogna e il piffero. Gli zampognari, cioè i suonatori di zampogna, durante le feste natalizie, girano un po' in tutta Italia con costumi caratteristici e suonano, per le stra-

de, delle nenie* dolci che piacciono molto ai bambini.

Fare il turista in Abruzzo e in Molise

In Abruzzo sicuramente la zona più conosciuta e più frequentata dai turisti è il Parco Nazionale, uno dei più grandi d'Italia, che conserva foreste di aceri che hanno secoli di vita e possono darci un'idea di come era l'Italia ai tempi dell'Impero romano. Qui vivono animali

Il Parco Nazionale d'Abruzzo con la sua bellissima vegetazione.

L'orso bruno, tipico animale del Parco.

che sono scomparsi altrove, come l'orso bruno e il lupo che nelle favole è il simbolo della ferocia[9] e della cattiveria, ma che in realtà attacca uomini e animali domestici solo se non riesce a trovare nel bosco cibo sufficiente[10].

Nel Parco si trovano alcuni paesini, fra cui il noto Pescasseroli, che hanno avuto un grosso sviluppo turistico estivo ed invernale, il quale ha però portato, con le solite speculazioni edilizie, notevoli danni alla natura.

Ma un viaggio in Abruzzo e Molise non ci offre solo il Parco e altri bellissimi paesaggi montani, interessante è anche l'arte di questo mondo chiuso, che fu la terra dei forti Sanniti con i quali i Romani dovettero lottare* a lungo.

Non dimentichiamo che si è avuto qui l'artigianato più vario, più ricco e più bello di tutta l'Italia. Molti monumenti sono stati rifatti in epoche recenti, perché distrutti dai terremoti fra cui il più terribile, nel 1925, fece circa 25.000 morti nella zona di Avezzano.

Alcuni grandi monasteri sono le cose più belle dell'Abruzzo: la chiesa dedicata a San Pelino, che risale al 1100 e si trova vicino a Sulmona, e la splendida Santa Maria di Collemaggio presso l'Aquila che ha, insieme, la bellezza semplice e maestosa* delle basiliche romaniche e la più viva fantasia di colori tipicamente orientale.

Meritano di essere visti anche il Duomo di Teramo e quello di Atri, così come L'Aquila, che è una bella città, fresca e chiara, in cui il monumento più famoso è la Fonte delle Novantanove Cannelle del 1272. In Molise si possono vedere bellissimi paesaggi, anche se un po' tristi e monotoni*, e i resti della città romana di Sepino (Campobasso) con il Foro e il teatro.

Da Termoli poi si può andare sulle piccolissime isole Tremiti e trovare uno splendido mare dopo aver visto una splendida montagna.

9. **ferocia**: aggressività selvaggia e cattiva. È feroce chi fa uso, costantemente e crudelmente, della forza. Vengono detti animali o bestie feroci i maggiori carnivori selvatici.

10. Un lupo pesa generalmente 40-45 kg, ma mangia circa 4 kg di carne in un solo pasto.

Campania

Superficie: 13.595 kmq

Popolazione: 5.336.000 ab.

Densità: 392 ab. per kmq

Capoluogo di regione: Napoli (1.224.000 ab.)

Capoluoghi di provincia: Salerno (162.000 ab.), Caserta (67.000 ab.), Benevento (62.000 ab.), Avellino (59.000 ab.)

Campania felix

«Campania felix» veniva chiamata anticamente questa regione per la bellezza del mare e delle coste, il dolce clima, la fertilità delle campagne. Anche se non tutta la Campania ha condizioni geografiche felici, felice fu la sua storia antica, quando vi abitarono successivamente etruschi, greci e romani. Di questo lontano passato sono rimaste in Campania molte cose che fanno di questa regione un centro molto importante per la storia e la cultura in generale. Lo splendore dei monumenti in mezzo ad una natura di rara bellezza richiama, oltre agli studiosi, anche moltissimi turisti.

A Paestum (Salerno), che si trova nella piana del Sele, a pochi km dal mare, ci sono tre bellissimi templi, fra cui quello di Poseidone che è il meglio conservato di tutta l'architettura greca.

Paestum è il nome latino della città greca di Posidonia, cioè la città di Poseidone, dio del mare; essa fu fondata da coloni greci nel VI sec. a.C. e fu per due secoli una città molto ricca ed attiva. In seguito Paestum perse la sua importanza e il luogo fu praticamente abbandonato. Ma proprio l'abbandono ha permesso che i templi si conservassero così bene, poiché non ci sono stati uomini che li hanno distrutti né che li hanno cambiati, secondo i loro gusti o i loro bisogni.

A circa 26 km da Napoli si trova la città romana di Pompei, sepolta* sotto una pioggia di ceneri[1] e lava dalla terribile eruzione* del Vesuvio del 79 d.C. Per secoli Pompei rimase nascosta sotto le ceneri, ma alla metà del 1700 furono iniziati gli scavi che sono durati molto a lungo ed hanno riportato alla luce l'intera città. Oggi si può camminare per le strade principali di Pompei o tra i vicoli intorno alle case. Si possono vedere le abitazioni più vecchie e popolari che hanno poche stanze e decorazioni semplicissime, e le ville dei patrizi, ampie, con giardini, fontane,

1. *ceneri*: le ceneri vulcaniche sono detriti piccolissimi proiettati all'esterno dai vulcani durante la fase esplosiva. La lava è invece una massa magmatica ad alta temperatura che esce dal cratere e scorre all'esterno come un fluido vischioso. Quando la lava si consolida forma una roccia.

mosaici e splendidi affreschi dai colori vivaci. Tra le case patrizie la più bella è quella del Fauno. Ricchi sono i monumenti pubblici, sacri e civili: i templi dei vari dei e dee, il foro, le terme, l'anfiteatro, ecc. Nelle case, nelle botteghe, negli edifici pubblici sono stati trovati molti oggetti di uso quotidiano: vasi, strumenti da lavoro, gioielli, giocattoli dei bambini che, insieme agli affreschi, e alle iscrizioni delle pareti ci danno notizie preziose sulla vita sociale, economica e religiosa di un'antica città di provincia, tranquilla e ben disposta verso i piaceri.

Poco distante da Pompei si trova Ercolano, anch'essa sepolta dall'eruzione del Vesuvio e riportata alla luce un po' prima di Pompei.

Ercolano fu luogo di vacanza molto frequentato dai ricchi romani e conserva ville molto belle come la Casa d'Argo e la Casa dei Cervi con giardini, portici e terrazze da cui si vedono splendidi paesaggi.

Coste e isole di sogno

La Campania possiede coste e isole che per il clima particolarmente mite, con inverni poco freddi ed estati non troppo calde, la ricchezza della vegetazione, l'azzurro del mare, la presenza di interessanti scavi archeologici[2], sono fra le più belle del mondo.

Il golfo di Napoli ha paesaggi bellissimi, anche se molto rovinati dalle fabbriche e dalle case, alte e fitte, che hanno coperto di cemento* quasi tutto. Si trovano nel golfo di Napoli le isole di Procida, Ischia e Capri. Ischia è la maggiore delle isole napoletane; formata dalla parte più alta di un grande vulcano sottomarino, è ricchissima di acque minerali[3] calde

2. scavi archeologici: la zona, i monumenti e gli oggetti di interesse archeologico, cioè appartenenti a una civiltà antica, che si vedono dove sono stati trovati facendo degli scavi. Fare degli scavi o scavare significa togliere terra dal suolo e penetrare all'interno di esso, più o meno in profondità.

3. acque minerali: acque che contengono sostanze con particolari virtù terapeutiche.

Ercolano: i resti di una villa romana.

e fredde. Le coste alte e frastagliate, la splendida vegetazione di pini marittimi e poi i giardini, gli agrumeti[4], il mare pulito e tanto sole fanno di questa isola un centro turistico di primo piano. Ischia, il comune più grande dell'isola, vecchio paese di pescatori, è oggi un moderno centro termale e balneare[5] in cui tutti possono passare le vacanze, ma Sant'Angelo, che si trova su una piccola penisola dove non possono andare le automobili, è diventato il centro di un turismo assai raffinato.

Capri è l'isola più celebre del mondo, ricordata da scrittori antichi e moderni. Nella parte bassa dell'isola c'è Capri, in quella alta Anacapri con le strade strettissime, i meravigliosi giardini e la vista del mare azzurro. Bellissima la villa di Tiberio dove il grande imperatore romano visse i suoi ultimi giorni, e bellissime le grotte fra cui la famosa Grotta Azzurra e la Grotta di Metromania.

A sud del golfo di Napoli si apre quello di Salerno con la meravigliosa costiera amalfitana. Qui la costa è alta sul mare e i piccoli centri con le loro case bianche sono costruiti su terrazze dove vengono anche coltivati fiori, ortaggi* e alberi da frutti. I centri più famosi sono Positano, quanto mai pittoresco per le case colorate, Ravello che ci offre i bei giardini di villa Ruffolo e la splendida Amalfi, la più antica delle Repubbliche marinare.

Dopo la costiera amalfitana troviamo la pianura di Paestum e infine la zona montuosa del Cilento. Anche qui la costa è molto bella, i centri ricchi di resti archeologici, ma le speculazioni edilizie vi hanno fatto più danni che altrove*.

Vedi Napoli e poi muori

Napoli fu una colonia greca; i greci le dettero questo nome che significa «città nuova».

4. *agrumeto*: terreno coltivato ad agrumi o anche insieme di piante di agrumi (limoni, aranci, ecc.).
Da molti nomi di piante si può formare il derivato collettivo, cioè un nome che indica un insieme delle piante stesse e il terreno su cui sono coltivate, aggiungendo il suffisso «eto». Olivo-oliveto, arancio-aranceto, leccio-lecceto, ecc.

5. *balneare*: relativo ai bagni, specialmente di mare. Si dice stagione balneare, centro balneare, stabilimento balneare, ecc.

In alto: i caratteristici Faraglioni (grossi e alti scogli) di Capri; in basso: la bellissima e famosa Amalfi, antica Repubblica marinara.

Veduta del Golfo di Salerno.

Passò poi sotto i romani che utilizzarono il porto per i loro commerci. Durante il Medioevo venne dominata prima dai normanni, poi dagli svevi e dagli angioini del cui regno divenne capitale. Nel periodo angioino Napoli si ingrandì moltissimo e si arricchì di alcuni dei suoi monumenti più famosi (il Maschio Angioino, il Duomo, il Monastero di Santa Chiara). Anche sotto i sovrani spagnoli la città continuò ad ingrandirsi e durante il '400 divenne uno dei centri culturali e commerciali più importanti d'Italia. A metà del '600 Napoli era addirittura una delle città più popolose d'Europa, ma come in tutte le città in cui vivono i sovrani con le loro corti, la maggior parte della popolazione era improduttiva. C'erano molti nobili, ricchi proprietari di terre di cui non si oc-cupavano affatto, tanta gente che lavorava al servizio dei nobili, nei loro grandi palazzi, e tanta gente che non aveva un lavoro e viveva della beneficenza* della corte. Sotto i borboni (1734-1860) la situazione non cambiò. Rispetto al numero degli abitanti le attività economiche produttive erano scarse.

Quando tutto il regno dei Borboni passò al nuovo regno d'Italia, le poche industrie ebbero una crisi e si vide che la splendida Napoli era una città piena di problemi. Gran parte della sua popolazione era analfabeta*, viveva in condizioni di grande povertà e di sporcizia tale che, a dieci anni di distanza (1874 e 1884), si ebbero due epidemie* di colera che fecero numerosissimi morti. Si fecero leggi speciali per risolve-re i problemi della città, per cercare di dare una casa a tutti e togliere i «bassi» (abitazioni di una sola stanza, senza finestre, in cui la poca luce e la poca aria entrano dalla porta), ma i problemi di Napoli non si sono risolti né allora né in seguito. Eppure Napoli è una bella città, bellissima secondo i napoletani. «Vedi Napoli e poi muori» si diceva un tempo, quando i panorami non erano stati così rovinati dal cemento, per intendere che non si poteva morire senza aver visto questa città. Anche oggi i turisti sono molto numerosi; vengono per vedere i monumenti e quello che resta della vita pittoresca dei vicoli e dei paesaggi, con il mare e il Vesuvio. Sono molto belli il Castel Nuovo o Maschio Angioino, il Castel dell'Ovo, la Cattedrale, il Monastero di Santa Chiara, la Certosa di San Martino, il Palazzo Reale. Interessanti i musei, soprattutto la Pinacoteca e il Museo archeologico, uno dei più importanti d'Europa, con le opere che vengono dagli scavi di Ercolano e di Pompei. Piacevole una passeggiata in via Toledo, una lunga strada che collega la piazza del Plebiscito, vicino al porto, con il palazzo dove si trova il Museo Nazionale. Fu fatta costruire, nel 1500, dal viceré spagnolo don Pedro Toledo, ed è oggi una strada con bei palazzi, negozi luminosi e soprattutto tanta gente che passeggia e si incontra, poiché è, insieme alla galleria Umberto I, il «salotto» dei napoletani.

Napoli: il Maschio Angioino.

Napoli: l'arte di arrangiarsi

Fino ai primi anni del nostro secolo a Napoli si facevano molti mestieri particolari, esercitati[6] all'aria aperta da parte della povera gente. C'erano il cenciaiolo, l'arrotino, l'acquaiolo, il pizzaiolo, lo scrivano pubblico[7] e il «pazzariello» che era un uomo o un ragazzo vestito in modo strano e accompagnato da due suonatori che andava per le strade a dare notizie di vario genere, ad esempio l'apertura di un nuovo negozio, l'arrivo del teatro dei burattini[8], la vendita di prodotti artigianali.

Di sicuro certi mestieri non si esercitavano solo a Napoli, ma solo a Napoli c'era tanta varietà e solo a Napoli si facevano con arte vera, da parte di un popolo divenuto maestro nell'arte di arrangiarsi, cioè di inventarsi* un lavoro per tirare avanti. Si trattava di vendere povere cose ai poveri e allora si cercava di richiamare l'attenzione con canti e vestiti strani, molto colorati, che davano alle strade un aspetto continuo di festa e di spettacolo, dietro a cui si nascondeva però la dura realtà di gente che, per tutta la vita, non aveva un lavoro regolare.

Oggi la civiltà delle macchine ha cambiato anche Napoli, le sue attività e le abitudini pittoresche; è scomparso l'artigianato più tradizionale come quello degli strumenti musicali e delle statuine per il presepe[9], ma non è scomparsa la necessità di arrangiarsi.

Napoli rimane una città sottosviluppata, troppo affollata perché le industrie che vi sono nate possano dare lavoro a tutti i disoccupati. Così continua, in forme diverse, l'antica arte di arrangiarsi. Le vie della città vecchia, quelle che ancora non sono del tutto crollate*, sono oggi una specie di grande negozio dove si svende* ciò che non è stato possibile vendere altrove; c'è anche il commercio dei libri e degli abiti usati, dei pezzi delle vecchie automobili.

Ma c'è purtroppo di peggio. L'arte di arrangiarsi si trasforma spesso in «malavita»[10], in sfruttamento* del lavoro dei ragazzi.

Napoli è al primo posto in Italia per le nascite; ci sono molte famiglie numerose, addirittura con più di sei figli, anche se sono molti i bambini che muoiono nei primi anni di vita. Dei ragazzi che ogni anno cominciano la scuola elementare[11] solo 1/5 o poco più frequentano la scuola dell'obbligo fino a quattordici anni, cioè fino alla licenza media.

Gli altri, a 10-12 anni, ma qualche volta perfino a 8, quando hanno appena imparato a leggere e scrivere, vengono utilizzati in una delle tante attività dei vicoli. I genitori hanno bisogno dei pochi soldi che può guadagnare un ragazzino e chi deve vendere pezzi di vecchie auto non può avere degli operai. Così non si rispetta la legge e si toglie ai ragazzi un diritto importante come quello dell'istruzione. Questi ragazzi, divenuti adulti, senza nessun titolo di studio, neppure quello minimo richiesto oggi anche per fare l'usciere, avranno scarsissime possibilità di fare una vita diversa da quella dei genitori. In tal modo a Napoli rimane sempre alto il nu-

6. *esercitato*: participio passato di esercitare. Praticare, svolgere un'attività. Il verbo, usato spesso come riflessivo, «esercitarsi», significa anche tenersi in attività per mezzo di esercizi, per conservare e migliorare gli apprendimenti e le capacità. Esempio: Per imparare bene una lingua straniera bisogna esercitarsi molto.

7. *cenciaiolo... scrivano pubblico*: il cenciaiolo era colui che viveva vendendo e comprando stracci, cenci, cioè pezzi di stoffa per lo più vecchi o comunque che non potevano essere utilizzati per usi domestici. L'*arrotino* fa il mestiere di arrotare coltelli, forbici, ecc. perché taglino meglio. Un tempo l'arrotino aveva il suo strumento, la mola, dietro una bicicletta e girava per le strade, fermandosi di porta in porta. L'*acquaiolo* era il venditore d'acqua, acqua con limone, con un po' di menta o con altre semplici e povere cose. Il *pizzaiolo* vendeva pizze, vera specialità napoletana, che teneva in un cesto e che aveva preparato in casa. Lo *scrivano pubblico* stava sulla strada con un suo piccolo tavolino, penna e inchiostro, e scriveva, dietro pagamento, domande di lavoro, lettere d'amore e tutto quanto gli veniva richiesto dalla povera gente. Non dimentichiamo che al censimento del 1921 gli analfabeti erano in Italia il 27,5%, ma in alcune zone del Sud si arrivava fino al 70%.

8. *teatro dei burattini*: rappresentazione, per lo più semplice che piace ai bambini, fatta con i burattini. I burattini sono piccoli fantocci con la testa di legno e una veste sotto alla quale sta la mano del «burattinaio» che li fa muovere e dà loro la voce.
A Napoli il personaggio più famoso del teatro dei burattini è Pulcinella.

9. *presepe*: ricostruzione delle scene della nascita di Gesù fatta con piccole statue colorate, nelle chiese e nelle case, durante il periodo natalizio.

10. *malavita*: vita moralmente e socialmente riprovevole. Il termine indica anche l'insieme delle persone che vivono in modo non onesto e contrario alla legge. Si dice darsi alla malavita, il gergo della malavita, la malavita organizzata, ecc.

11. Il sistema scolastico italiano prevede a 6 anni l'inizio della scuola elementare che si compone di 5 classi, poi la scuola media di 3 classi. La frequenza della scuola elementare e della scuola media è obbligatoria. Dalla scuola media, conseguita la licenza, si può passare alla scuola superiore che è di vario tipo. Ci sono scuole superiori a carattere professionale che durano tre anni e scuole tecniche e licei di cinque anni. Alla fine di una scuola superiore di cinque anni si consegue la «maturità» e si può andare all'università. Le università italiane sono quasi tutte dello Stato e non hanno il numero chiuso, tutti i cittadini italiani si possono

mero dei disoccupati e dei sottoccupati che riescono ad inventarsi un mestiere ai margini delle normali attività e della legge, con la tentazione dei facili guadagni della malavita che la società dei consumi[12] rende sempre più forte.

Ricchezza e povertà della Campania

A Napoli e nella zona che le sta intorno si concentrano quasi tutte le industrie, l'agricoltura, il commercio e il turismo della Campania.

Le coste, favorite dal clima o dalla presenza di maggiori possibilità di vendita, hanno un'agricoltura ricca; vi si coltiva un po' di tutto, ma soprattutto grano duro (un tipo di grano adatto per fare la pasta), tabacco, barbabietola da zucchero, ortaggi, agrumi, alberi da frutto (la Campania è la regione italiana che produce la maggiore quantità di ciliege, pesche, albicocche), viti e olivi. Nella pianura attorno al Vesuvio si può fare una coltura intensiva di frutteti, vigneti e orti che danno risultati eccezionali*; molte famiglie riescono infatti a vivere su pezzi di terra piccolissimi. Purtroppo anche in queste bellissime campagne c'è il solito problema: si è in troppi e troppi vivono del lavoro di pochi. Nei piccoli campi la produzione è ottima, ma i contadini hanno sempre molti figli che devono mangiare e non hanno la possibilità di fare miglioramenti tecnici né di organizzarsi per vendere i loro prodotti a prezzi più alti. I commercianti pagano ai contadini napoletani poche lire per frutta e ortaggi che poi rivenderanno a Roma e a Milano a caro prezzo.

Anche l'industria si è sviluppata quasi esclusivamente nelle province di Salerno e soprattutto di Napoli, favorita dalla presenza del porto e, in passato, anche dalla politica dei Borbone.

C'è a Bagnoli un grande stabilimento siderurgico dell'Italsider e nella zona lungo il golfo stabilimenti meccanici di alcune grandi industrie del Nord come l'Alfa Romeo, l'Olivetti e la Ignis.

Ci sono poi le più tradizionali industrie locali come quella del corallo a Torre del Greco e delle porcellane a Capodimonte, quella, ben più diffusa, della pasta e della conservazione di frutta, verdura e pomodori, prodotti in gran quantità in questa regione. Con il pomodoro, fresco o conservato, si fa la «pummarola» che serve per preparare i piatti più famosi della cucina napoletana: la pizza e gli spaghetti al pomodoro. Anche a Salerno, lungo il golfo, si trovano industrie alimentari, meccaniche, chimiche, vetrarie, della ceramica, mentre la zona interna del Cilento è povera e spopolata.

Caserta[13], a pochi km da Napoli, solo in parte ha avuto sviluppo industriale ed è ancora l'agricoltura l'attività economica più importante.

Ma quando si entra nella parte più montuosa della provincia casertana e poi nelle due province di Benevento e Avellino ci troviamo nella Campania della miseria.

Qui la terra è montuosa e arida, poco adatta alle coltivazioni, la maggior parte della po-

iscrivere, purché abbiano almeno 18 anni e abbiano conseguito la maturità. Alla fine del corso di studi universitari, che si suddividono in facoltà (di legge, di medicina, di lettere, ecc.), si ha la laurea e il titolo di dottore.

12. *società dei consumi*: si definisce così la nostra società occidentale, poiché, attraverso la pubblicità e le altre forme di persuasione di massa, crea e sostiene bisogni non fondamentali, sempre nuovi, che portano la gente a «consumare» continuamente beni e servizi.

13. Ricordiamo che a Caserta si trova una splendida reggia, che ha un grandissimo parco con tante fontane. Progettata dall'architetto Vanvitelli, fu fatta costruire dai Borbone nel 1700.

La raccolta dei pomodori, prodotto tipico della Campania.

polazione è tuttavia occupata nell'agricoltura poiché industrie vere non esistono. Il reddito medio per abitante è circa la metà di quello nazionale e l'emigrazione è stata fortissima. La gente se n'è andata verso l'America, la Svizzera, Torino e, molto più spesso, nell'affollatissima Napoli che ha oggi la densità di popolazione più alta di qualsiasi altra città italiana e forse le condizioni di vita peggiori.

I vulcani

La Campania è una regione ricca di vulcani. Il più famoso di tutti è il Vesuvio la cui ultima eruzione è stata nel 1944. Il Vesuvio, che ha ora un'altezza di 1270 metri, si è formato poco per volta sul cratere di un altro vulcano, il monte Somma. Durante un'eruzione, da un vulcano escono cenere, sabbia e lava. La lava ha una temperatura altissima, anche più di 1000°, perciò brucia tutto ciò che incontra e, quando la quantità è grande, seppellisce paesi e città come accadde nel 79 d.C. con Ercolano e Pompei. Quando la lava si allontana dal cratere si raffredda e diventa solida. Il monte vulcanico si forma con l'insieme della lava, delle ceneri e della sabbia. Attualmente il Vesuvio «dorme» cioè manda fuori solo gas e vapori, ma non può dirsi spento.
In Italia sono vulcani ancora attivi, oltre al Vesuvio, l'Etna in Sicilia e il Vulcano e lo Stromboli che si trovano nelle isole Eolie.
Ma molte montagne, in tutta la penisola, sono antichi vulcani

Il cratere del Vesuvio.

che si considerano spenti perché da secoli non hanno più dato segni di attività. In Campania, in tutta la zona a occidente di Napoli, nota con il nome di Campi Flegrei, vi sono vulcani spenti nei cui crateri si trovano oggi piccoli laghi o bellissime coltivazioni, poiché il terreno vulcanico, come si sa, è fertilissimo.
Al centro dei Campi Flegrei, presso Pozzuoli, da un cratere escono gas, soprattutto di zolfo (per questo si chiama «solfatara») e vapore acqueo ad alta temperatura che nella sabbia forma dei «fanghi»* bollenti. Nella zona ci sono anche molte acque termali[14], chiaramente legate alla presenza dei vulcani, che vengono usate per scopi medici.
Purtroppo è legata all'attività vulcanica anche la frequenza dei terremoti che si hanno in Campania. Il 23 novembre 1980 il terremoto ha colpito 90 comuni delle province di Avellino, Napoli, Salerno e Potenza. Ci sono stati 4.000 morti e interi paesi, come Lioni e Sant'Angelo dei Lombardi, sono stati distrutti.

14. ***acque termali***: sono così chiamate le acque che arrivano in superficie calde (oltre i 17°) e che sono considerate curative.

Puglia

Superficie: 19.347 kmq

Popolazione: 3.820.000 ab.

Densità: 197 ab. per kmq

Capoluogo di regione: Bari (384.000 ab.)

Capoluoghi di provincia: Taranto (244.000 ab.), Foggia (153.000 ab.), Lecce (89.000 ab.), Brindisi (87.000 ab.)

La regione più bassa d'Italia

La Puglia è la regione più bassa d'Italia. Il suo territorio infatti è per il 54% pianura, per il 45% collina e solo per l'1% montagna.

Il clima di questa regione è molto caldo e arido, sia perché si trova a Sud, sia perché la disposizione del Gargano non permette alle correnti d'aria fredda e umida che vengono dall'alto Adriatico, di penetrare nell'interno e portarvi fresco e piogge. La mancanza di montagne fa poi mancare anche i fiumi e così per la Puglia è la sete, una sete che crea grossi problemi, sia in città che in campagna.

Si è cercato di trovare una soluzione con la costruzione dell'acquedotto pugliese che porta in Puglia le acque del Sele, un fiume della Campania.

Quest'acqua serve soprattutto per le necessità delle città, per la campagna si cerca invece di sfruttare al massimo le poche piogge invernali con dighe[1], pozzi[2], ecc.

L'agricoltura ha un posto importante nell'economia pugliese ed è, nel suo insieme, abbastanza sviluppata.

Nel Tavoliere si coltiva soprattutto grano e, dove è possibile irrigare, ortaggi che danno redditi migliori. Gli ortaggi (piselli, carciofi, melanzane, peperoni, ecc.) vengono coltivati anche lungo la costa, specialmente nella stretta pianura chiamata terra di Bari.

1. *diga*: opera idraulica di sbarramento di un corso d'acqua, fatta per avere un bacino, una riserva d'acqua. Altre volte si costruisce una diga a scopo di protezione.

2. *pozzo*: scavo verticale, generalmente di forma circolare, fatto nel terreno per utilizzare l'acqua che si trova nel sottosuolo. Ci sono anche pozzi d'acqua piovana, che raccolgono cioè l'acqua del tetto di una o più case.

La costa del Gargano.

Sono molto diffuse le colture del tabacco, dell'olivo e della vite. Si produce in Puglia 1/3 dell'olio italiano e il 60% dell'uva da tavola. Anche la produzione di vino è buona, ma è per la maggior parte vino da «taglio». A causa del clima assai caldo, infatti, l'uva pugliese contiene molto zucchero e dà un vino di molti gradi, troppo forte per essere bevuto a tavola. Per questo grandi quantità di vino pugliese vengono spedite nel Nord d'Italia e in Francia, dove si usano per «tagliare»[3] i vini locali più deboli e renderli più forti.

C'è infine la grande coltura dei mandorli del cui frutto la Puglia è la prima produttrice del mondo. Il mandorlo fa, in febbraio, dei fiori rosa e bianchi che sono un po' il simbolo dell'inizio della primavera. Le mandorle sono frutti che si lasciano seccare per preparare dolci buonissimi.

Il Tavoliere era il Far-West d'Italia

Il Tavoliere è, dopo quella padana, la più grande pianura d'Italia. Al tempo dei romani essa era intensamente coltivata a cereali[4]; il nome di Foggia, la città più importante di questa zona agricola, viene dalla parola latina *foveae* che indica i depositi del grano.

Dopo le invasioni barbariche la grande pianura, poco sicura dal punto di vista militare e con cattive condizioni igieniche per la presenza di acque stagnanti, si trasformò in una steppa[5], utilizzata come pascolo dai pastori abruzzesi e molisani. Poi, verso la metà

del XV sec., Alfonso di Aragona decise che tutta la parte del Tavoliere che apparteneva allo Stato fosse tenuta obbligatoriamente* a pascolo e controllò che anche le terre private non venissero coltivate senza il suo permesso. I pastori, per passare l'inverno nel Tavoliere con i loro greggi, dovevano pagare un affitto. Ogni anno, da tutte le regioni del regno, arrivavano sempre più numerosi pastori e pecore (circa un milione nel XVI sec. e un milione e mezzo nel XVII) attraverso i tratturi e i re di Napoli si arricchivano. A Foggia, che sembrava proprio una città del Texas, da maggio ad agosto si svolgeva una fiera dove commercianti di ogni paese, specialmente veneti, acquistavano bestie e lana.

Intanto queste grandi estensioni di terreno tenute a pascolo, dove la vegetazione, gli animali e i pochi uomini avevano un aspetto selvaggio da Far-West, costringevano alla miseria masse di operai e braccianti che non trovavano terra da lavorare. Le lotte e le guerre per il Regno di Napoli rendevano ancora più difficile la vita della gente della pianura pugliese e furono numerose, fin dal '500, le manifestazioni popolari[6], tutte senza veri risultati.

Dopo l'unità d'Italia, nel 1865, il nuovo Stato italiano toglie la Dogana e il pascolo obbligatorio sulle terre del Tavoliere. Le terre però non vanno ai contadini, ma ai grandi proprietari terrieri e così la trasformazione agraria che fa del Tavoliere «il granaio d'Italia» non toglie la fame e la miseria alle famiglie contadine. I lavoratori della terra dovranno aspettare an-

3. Si dice «tagliare un vino» nel senso di mescolarne due qualità diverse.

4. *cereale*: ogni pianta erbacea delle Graminacee che dà frutti, in chicchi, dai quali si ricava una farina. Sono cereali: il grano, l'orzo, l'avena, il mais, ecc.

5. *steppa*: formazione vegetale spontanea delle regioni piuttosto aride e con clima continentale, costituita da erbe e arbusti.

6. *manifestazione popolare*: espressione, più o meno violenta, di sentimenti di protesta da parte del popolo.

cora molti anni la riforma agraria (1951) che assegnerà loro una parte della terra, e soprattutto l'arrivo dell'acqua, per vedere migliorare le proprie condizioni.

Oggi il Tavoliere non è più il Far-West dell'Italia; in futuro forse ne diventerà la California.

Bari, Brindisi, Taranto: triangolo industriale del Meridione?

La Puglia ha fama di regione industrializzata del Meridione, addirittura con un suo triangolo industriale.

In effetti a Bari, Brindisi e Taranto ci sono alcuni stabilimenti industriali importanti. In tutte e tre le città si trovano raffinerie di petrolio, a Bari una fabbrica FIAT di trattori, a Brindisi fabbriche di prodotti chimici per l'agricoltura e di prodotti farmaceutici, a Taranto le acciaierie Italsider che sono la maggiore industria del Sud. Accanto a queste alcune industrie minori, soprattutto chimiche e alimentari. La presenza del porto nelle tre città rende facile il trasporto delle merci.

Bari, il capoluogo regionale, è la città che maggiormente ha preso l'aspetto e i modi di vita delle città industrializzate del Nord.

A Bari si fa ogni anno la «Fiera del Levante», un'importante esposizione internazionale, che è soprattutto un centro di scambi commerciali tra l'Italia e gli altri Stati che si affacciano sul Mar Mediterraneo.

Brindisi era nell'antichità un grande porto, punto di arrivo della maggiore delle strade romane, la Via Appia, e punto di unione tra Roma e l'Oriente. Anche oggi la città, nonostante la presenza del grande stabilimento petrolchimico della Montedison, vive soprattutto delle attività commerciali del porto, che è con Genova e Na-

Veduta sul porto di Bari.

poli uno dei maggiori d'Italia per il movimento dei passeggeri. Da Brindisi si parte per la Grecia, e la città ha un po' l'aspetto di una zona di confine con tanti turisti di passaggio e scritte bilingui.

Taranto, che fu antica colonia greca e divenne con l'unità d'Italia un'importante base militare, è oggi per la presenza dell'Italsider un importante centro industriale; tuttavia lo sviluppo generale della città non è stato soddisfacente.

In Puglia, un po' come in tutto il Sud, le industrie sono rimaste «cattedrali nel deserto», cioè grossi stabilimenti isolati in un ambiente che non ha né medie né piccole industrie e in cui perciò gli occupati nel settore industriale non sono aumentati quanto si sperava.

Così, dietro la «facciata», la vera realtà pugliese è ancora fortemente agricola e contadina.

I trulli

Vi sono nella parte più bassa delle Murge, fra le province di Bari, Brindisi e Taranto, delle costruzioni rurali caratteristiche che si vedono solo qui. Il loro nome, trulli, deriva dal greco e significa «cupola». Sono fatti con un calcare[7] molto antico e molto duro, facile da tagliare, di cui è formato gran parte del terreno di questa zona.

I trulli si sono costruiti da sempre, ma la loro diffusione nella campagna ed anche in alcuni centri come Alberobello e Locorotondo è cominciata alla fine del 1500, quando il Vi-

7. Ricordiamo che una buona parte della superficie della Puglia è costituita da rocce calcaree e che vi si trovano perciò tutti i tipici fenomeni carsici. L'aspetto più bello e grandioso del carsismo pugliese sono le grotte di Castellana (Bari), ricchissime di stalattiti e stalagmiti.

I trulli, le tipiche abitazioni delle Murge pugliesi.

ceré del Regno di Napoli permise ai contadini di coltivare viti e ortaggi, in quelle terre fino ad allora tenute a pascolo, e di costruirsi una casa fatta di pietre «a secco»[8].

Per costruire i trulli, in tanti secoli, si sono usate soprattutto le pietre sparse nella campagna: le più grosse per i muri, le più piccole, dette «chiancarelle», per il tetto.

Il trullo, in cui si ritrova lo stesso spirito geometrico delle grandi cattedrali, ha quasi sempre forma circolare, il tetto è a cupola. I muri esterni ed interni vengono intonacati* ed hanno un colore bianco vivo, mentre i tetti conservano il colore grigio della pietra; talvolta ci sono su di essi segni di origine cristiana o pagana. Ogni trullo ha una sola stanza, ma ci sono anche più trulli, uno accanto all'altro, che permettono alle famiglie più numerose di avere camere separate.

Ad Alberobello e Martinafranca ogni trullo ha intorno viti, olivi, alberi da frutto e orto, tutto coltivato con grande cura, ordine e amore dai contadini pugliesi, nella cui cultura ordine e pulizia hanno una grande importanza.

La maggior parte delle abitazioni pugliesi sono infatti molto pulite, ordinate, con pochissime cose.

Ma la pulizia dei trulli, sia all'esterno che all'interno, sembra addirittura irreale*, così come l'ordine in cui riesce a vivere questa gente che ha tanto poco spazio.

Peccato che lo sfruttamento turistico, specialmente ad Alberobello, rischia di rovinare tutto!

Sempre troppo tardi si capirà che ristoranti e alberghi alla moda «vestiti» da trulli sono artificiosi* e brutti.

Le grandi cattedrali romaniche

La Puglia, dopo i romani, fu terra di varie lotte e dominazioni: bizantini, longobardi, franchi, saraceni, e poi normanni, svevi, ecc.

Nel Medioevo fu inoltre luogo di passaggio per i pellegrini che andavano e venivano dalla Terra Santa e si creò così quel misto di lingue, di razze, di arti e culture, tipicamente pugliese, con influenze orientali più forti che in ogni altra parte d'Italia.

Ma una vera e propria storia dell'arte pugliese può iniziare solo dal Mille. Nei secoli precedenti infatti ognuno dei nuovi dominatori distrusse quasi tutto ciò che ricordava i vecchi. I pugliesi non ebbero la possibilità di trovare un proprio linguaggio artistico; rimasero da un lato legati alle antiche tradizioni classiche e romane, dall'altro presero gli elementi delle diverse arti e ne fecero delle sintesi[9] talvolta assai interessanti.

Nell'arte medievale della Puglia ci sono tuttavia delle caratteristiche costanti.

Ritroviamo sempre lo stesso senso di misura, di rispetto delle leggi geometriche* in tutte le bianche cattedrali che si costruirono fra l'XI e il XII sec., così come nelle costruzioni civili e perfino in quelle contadine.

Ci sono in Puglia chiese romaniche per tutti i gusti. Troviamo cattedrali maestose costrui-

8. secco: si dice che si costruisce «a secco» quando si mettono le pietre una sull'altra, senza calcina o cemento.

9. sintesi: si fa una sintesi quando si ha una serie di elementi singoli e si arriva ad una conclusione unitaria dove essi risultano fusi.
Il termine si usa anche nel senso di riduzione di un argomento ai dati essenziali.

Lecce: la basilica di Santa Croce, splendido esempio di barocco.

te proprio sulle spiagge, come quelle di Taranto, Trani, Bari, Molfetta, Giovinazzo, quelle più scure e serie dell'entroterra che possiamo ammirare a Bitonto, Bitetto, Ruvo, e quella di Troia, di una bellezza eccezionale.

Sono tutte da vedersi queste chiese romaniche, diverse da quelle che si trovano altrove, con le loro grandi arcate[10] interne ed esterne, gli splendidi rosoni[11] e gli ancor più splendidi portali[12] che hanno deco-

razioni di foglie, figure geometriche e animali.

Oltre alle cattedrali è da vedersi anche il Castel del Monte, uno dei castelli più belli d'Europa. Si trova sull'altopiano delle Murge, a 540 metri di altezza, e fu fatto costruire dall'imperatore Federico II. Ha forma ottagonale, su ognuno degli otto angoli c'è una torre, anch'essa ottagonale, ed è nel suo insieme come un prezioso blocco di pietra, bellissimo, solenne e maestoso.

10. *arcata*: in architettura si chiama arcata ogni elemento che compone un gruppo di archi messi in successione. Le arcate dello stile romanico hanno solitamente archi semicircolari detti «archi a tutto sesto», quelle dello stile gotico hanno invece archi a punta detti «a sesto acuto».

11. *rosone*: termine dell'architettura che indica un motivo decorativo di forma circolare che spesso è anche una finestra, ma sempre molto decorata, con elementi che divergono dal centro.

12. *portale*: porta esterna di grandi dimensioni.

Castel del Monte, sull'altopiano delle Murge, fatto costruire dall'imperatore Federico II.

Basilicata

Superficie: 9.992 kmq

Popolazione: 635.000 ab.

Densità: 64 ab. per kmq

Capoluogo di regione: Potenza (63.000 ab.)

Capoluogo di provincia: Matera (49.000 ab.)

Cristo si è fermato a Eboli

Cristo si è fermato a Eboli è il titolo di un bellissimo libro in cui Carlo Levi, medico, pittore e scrittore che durante il fascismo[1] fu costretto a vivere in Basilicata, parla di questa regione e della vita della sua gente.

Il titolo è molto significativo. Cristo, cioè il cambiamento, la civiltà, la speranza si sono fermati ad Eboli (Salerno), là dove la strada e il treno lasciano la costa salernitana e il mare per entrare nelle desolate* terre della Basilicata.

La regione, una delle più piccole e meno popolate d'Italia, ha un terreno per lo più montuoso che un tempo era coperto di fitti boschi dove vivevano molti animali: lupi, orsi, cervi, caprioli. Dal latino *lucus* = bosco deriva Lucania, l'altro nome con cui viene indicata questa regione. Oggi, a causa dei diboscamenti fatti soprattutto nella seconda metà del 1800, la maggior parte della Basilicata offre paesaggi lunari, con argille[2] nude, senza erba né alberi, con calanchi[3] e burroni. La distruzione dei boschi ha avuto conseguenze molto gravi poiché il terreno, non più trattenuto dagli alberi, specialmente con l'azione delle forti piogge invernali, frana facilmente e rende difficile la vita di gran parte della popolazione.

Basta leggere qualche pagina del libro di Carlo Levi per capire quanto era forte la miseria dei contadini lucani di quaranta anni fa.

«Le case dei contadini sono tutte uguali, fatte di una sola stanza che serve da cucina, da camera da letto e quasi sempre da stalla per le bestie piccole [...] Da una parte c'è il camino, su cui si fa da mangiare con pochi stecchi portati ogni giorno dai campi: i muri e il soffitto sono scuri pel fumo. La luce viene dalla porta. La stanza è quasi interamente riempita dall'enorme letto, assai più grande di un comune letto matrimoniale: nel letto deve dormire l'intera famiglia

1. *fascismo*: vedi nota n. 2 di «Una regione molto "speciale" dove si parlano tre lingue» (Trentino-Alto Adige).

2. *argilla*: tipo di terreno, dove sono presenti molti silicati idrati; ha caratteristiche di plasticità e capacità di assorbire acqua. È usata nell'industria dei laterizi (mattoni, tegole, ecc.) e della ceramica.

3. *calanco*: è un solco stretto e profondo, che ha delle sponde a lama di coltello, privo di vegetazione, tipico dei terreni argillosi.

il padre, la madre e tutti i figlioli. I bimbi più piccini, finché prendono il latte, cioè fino ai tre o quattro anni, sono invece tenuti in piccole culle o cestelli di vimini, appesi al soffitto, con delle corde [...] Sotto il letto stanno gli animali: lo spazio è così diviso in tre strati: per terra le bestie, sul letto gli uomini, e nell'aria i lattanti». Dopo il 1950 sono stati fatti molti tentativi per migliorare la situazione dell'agricoltura lucana. La Cassa per il Mezzo-giorno[4] ha costruito strade, dighe, acquedotti, e ha bonificato la zona costiera del Metaponto, ma i risultati sono stati inferiori alle speranze. Il piccolo pezzo di terra assegnato ai contadini dalla riforma agraria del 1951 non ha permesso, alle famiglie che ci vivono e ci lavorano, un reale aumento del reddito, anche se la loro vita è diversa da quella descritta da Carlo Levi. Così l'emigrazione è stata forte e tra il 1961 e il 1971 la popolazione è diminui-

In alto: il monte Pollino con la sua caratteristica vegetazione (pini loricati); in basso: il tempio di Cerere a Metaponto, antica città della Magna Grecia.

4. **Cassa per il Mezzogiorno**: fu istituita nel 1950 con il compito di attuare un piano generale per l'esecuzione di opere straordinarie che favorissero lo sviluppo economico e sociale dell'Italia meridionale. Il periodo per lo svolgimento del piano fu stabilito in 10 anni, ma è stato poi prorogato; i 1280 miliardi del finanziamento iniziale sono stati più che raddoppiati. Tra le opere del piano la bonifica, l'irrigazione, gli acquedotti, gli impianti per la valorizzazione dei prodotti agricoli, le opere di interesse turistico, ecc.

ta di oltre il 10%; molti paesi sono abitati per lo più da donne, vecchi e bambini.

Le industrie, nonostante il metano trovato nella valle del Basento, sono scarse.

Potenza, il capoluogo di regione, è un centro burocratico* cresciuto in modo disordinato.

I Sassi

Pochi conoscono la città di Matera, eppure i suoi Sassi offrono uno degli spettacoli più interessanti e suggestivi non solo dell'Italia, ma dell'Europa intera.

La parte antica di Matera non è costruita, come tutte le città del mondo, su una pianura o una collina, ma è scavata nella roccia. La sua origine e il suo sviluppo sono dovuti alla natura del terreno, un calcare tufaceo[5], assai facile da scavare per l'uomo che voleva farci la propria casa.

Prima, ovviamente, in epoca preistorica, gli uomini utilizzarono le grotte che si erano formate naturalmente, poi ne scavarono altre, uguali a quelle naturali.

Ancora dopo si scavarono «case» più ampie e si murò la facciata per fare una piccola porta; infine, quando si dovette andare più in alto, dove la roccia non era tanto facile da scavare, si «costruirono» alcuni muri o il tetto.

Così queste costruzioni, chiamate Sassi, formano un insieme quanto mai vario e pittoresco. Stalle per animali, case di contadini, ma anche piccoli palazzi di gente più ricca, chiese, si trovano accanto o una sopra l'altra; i tetti delle case più in

basso fanno talvolta da pavimento ad una strada. Nelle costruzioni c'è anche molta fantasia; si vedono porte e finestre di ogni tipo e grandezza, scale, archi, terrazze, piccole torri e campanili tutti diversi. Le chiese, dette «rupestri»[6], sono tutte molto belle ed hanno affreschi interessanti, anche se più volte rifatti a causa dell'umidità delle pareti. Molte di esse, specialmente le più antiche, furono costruite da mona-

5. *calcare tufaceo*: roccia calcarea mista a tufo. È il tufo un tipo di roccia sedimentaria, molto tenera, che in alcune zone viene tagliata a blocchi e usata come materiale da costruzione.

6. *rupestre*: l'aggettivo deriva da rupe. «Chiese rupestri» perché costruite su una rupe, cioè sulla parete di una roccia.

Maratea (Potenza), centro turistico assai frequentato per la sua bellissima posizione.

ci basiliani[7] ed hanno caratteristiche orientali e bizantine. Ricordiamo fra le tante la chiesa di Santa Maria de Idris e quella di San Giovanni Monte Errone le quali sono collegate tra loro da una galleria sotterranea *.

La popolazione dei Sassi era mista ed era venuta spesso da lontano: c'erano quartieri di albanesi, di greci, di orientali in genere. I più erano contadini che per andare e tornare dai campi facevano anche 20 km al giorno.

Così alle due e mezzo o alle tre di notte le strade dei Sassi si svegliavano e si riempivano di uomini e animali che partivano per la campagna.

Fino al 1950 viveva nei Sassi più della metà della popolazione della città, ma molti in condizioni igieniche pessime.

Furono pertanto costruite, a pochi chilometri dalla città, quattro borgate rurali dove però i contadini non si sono adattati facilmente, tanto da tornare, in alcuni casi, a vivere di nuovo nei Sassi.

In realtà, in tutto il Sud, i rapporti sociali con i vicini sono forti e importanti, come è importante l'aspetto collettivo * della vita che si svolge per gli uomini soprattutto al caffè e per le donne alla pubblica fontana e in chiesa.

I contadini sono i pendolari del Meridione, fanno molti chilometri ogni giorno per andare a lavorare le loro campagne, ma preferiscono vivere in paesi e città.

7. **basiliani**: monaci seguaci di San Basilio, arcivescovo di Cesarea (329-379).

A sinistra: i Sassi di Matera; a destra: un affresco nella chiesa rupestre di Sant'Antonio Abate.

Calabria

Superficie: 15.080 kmq

Popolazione: 2.070.000 ab.

Densità: 137 ab. per kmq

Capoluogo di regione: Catanzaro (92.000 ab.)

Capoluoghi di provincia: Reggio Calabria (178.000 ab.), Cosenza (102.000 ab.)

Che profumo!

Per molti motivi l'agricoltura calabrese è assai povera: terreno per lo più montuoso[1], scarso uso di macchine agricole, forti piogge invernali e siccità estiva, tanti lavoratori e poca terra da coltivare.

Oggi, in seguito alla bonifica, le zone costiere sono le più fertili e si fanno, nelle piane di Sibari, di Sant'Eufemia e di Gioia, colture intensive e specializzate di ortaggi, di agrumi, di fichi, di olivi, di viti.

Anche per queste colture vi sono tuttavia dei problemi. L'olio, per la quantità del quale la Calabria è al secondo posto in Italia dopo la Puglia, non è di ottima qualità. Gli olivi calabresi, inoltre, sono piante che hanno secoli di vita, molto grandi e belle da vedersi, ma che non danno una produzione soddisfacente di olive e problemi per la loro raccolta. Pure la coltura delle arance è in crisi. Le arance calabresi piacciono poco in Italia, e ancor meno all'estero, perché hanno troppi semi e un colore rosso, simile al sangue, per cui vengono dette «sanguigne».

Così i prodotti più tipici dell'agricoltura calabrese rimangono ancora il bergamotto e il gelsomino. La stretta terra intorno a Reggio è infatti l'unico luogo del mondo in cui matura il bergamotto, un agrume particolare che viene molto usato nell'industria dei profumi. Anche il profumatissimo fiore del gelsomino ha la stessa utilizzazione.

I gelsomini, che rendono meravigliosa, per gli occhi e il naso, tutta la zona costiera che va da Reggio a Stilo, fioriscono ogni notte a milioni e milioni come piccole stelle, e proprio come le stelle muoiono con il sole e devono essere raccolti al mattino presto. Li raccolgono donne, bambini o disoccupati che fanno molto lavoro per pochi soldi.

La Calabria è comunque una regione profumatissima. Oltre al bergamotto e al gelsomino, ci sono la lavanda, la gaggia, la rosa, l'erba angelica, il gera-

1. In Calabria la pianura è solo il 9% del territorio regionale.

nio, il basilico, la maggiorana, i cui soli nomi già sembrano diffondere un po' di quel profumo che la natura ha voluto concentrare nella regione italiana più povera.

Il pesce spada

La Calabria è una penisola, stretta e lunga, che si affaccia su due mari, Tirreno e Ionio, con 800 km di coste. La massima distanza fra i due mari è di 100 km, la minima di 50. Ma le attività dei suoi abitanti non sono legate al mare; i calabresi, per ragioni naturali e storiche, non sono né marinai né pescatori.

La Calabria non ha golfi abbastanza protetti per essere utilizzati come porti naturali, il terreno montuoso poi rende difficili le comunicazioni tra il mare e l'entroterra. Le coste,

dopo la rovina delle splendide colonie greche, furono abbandonate a causa della malaria e dei pirati[2] che arrivavano dal mare per saccheggiare. Paesi piccoli e grandi, soprattutto nel medioevo, si svilupparono sulla cima delle colline; gli uomini, per vivere, coltivarono la terra e allevarono gli animali, e solo molti secoli dopo tornarono a vivere sul mare.

Nella zona dello Stretto, tuttavia, soprattutto a Bagnara (Reggio Calabria), è sviluppata una pesca particolare, quella del pesce spada, vero «personaggio» a cui sono legate molte leggende.

Il pesce spada ha questo nome per un lungo prolungamento* della parte superiore della bocca, simile a una spada* e che, come una spada, usa per lottare con l'uomo che cerca di prenderlo. Quella del pesce spada è infatti una «caccia»

2. *pirata*: uomo di mare che vive facendo azioni di guerra contro altre navi o città costiere allo scopo di rubare e saccheggiare. Pirata è come altri (problema, poeta, ecc.) un nome maschile in «a» che ha il plurale in «i».

Scilla, sullo Stretto di Messina.

piuttosto che una pesca. Si fa con una barca a remi dove un uomo dall'alto di un «albero»[3] guarda il mare. Quando il pesce è stato visto, la barca si avvicina e il fiocinatore[4], che sta su una lunghissima passerella[5] sospesa sul mare, lo colpisce con la fiocina.

I pescatori dicono che questo pesce è molto furbo* e che si può prendere solo se si è più furbi di lui. Si racconta di pesche andate male per un piccolo rumore o per i colori troppo vivaci delle barche!

Con il pesce spada, spesso venduto direttamente sulla spiaggia, si preparano piatti tipici. I pescatori lo arrostiscono sulla brace con poco olio, aglio e peperoncino piccante che viene usato moltissimo in tutta la cucina calabrese anche perché, in passato, era ritenuto adatto a combattere le malattie intestinali e la malaria.

Povera Calabria

La Calabria è la regione italiana che ha il più basso reddito per abitante[6].

L'agricoltura, che può svilupparsi solo in piccole zone costiere, è assolutamente insufficiente per i bisogni di più di due milioni di abitanti. Le industrie sono scarse; la sola zona industriale abbastanza importante è quella di Crotone (Catanzaro) dove ci sono industrie chimiche e metallurgiche. Nel secolo scorso, dopo l'unità d'Italia, furono lasciate morire alcune industrie, soprattutto tessili, che in questa regione erano abbastanza importanti. In quel periodo del resto le regioni meridionali, già poco sviluppate socialmente (in Calabria e Basilicata gli analfabeti erano l'80%!) ed economicamente, videro peggiorare le proprie condizioni e si ebbero anche atti di ribellione[7] contro il nuovo Stato italiano.

Nel secondo dopoguerra, attraverso la Cassa per il Mezzogiorno, si è cercato di favorire la nascita di nuovi centri industriali, ma per vari motivi i programmi non sono mai diventati realtà e si è parlato di industrie fantasma[8]. Significativo il caso di Gioia Tauro (Reggio Calabria)[9] in cui doveva sorgere uno dei centri siderurgici più grandi d'Italia. Alcuni anni fa furono distrutti agrumeti e oliveti per preparare il terreno per lo stabilimento, fu creato un porto ar-

3. *albero*: si chiama albero la struttura verticale di una imbarcazione che può servire a vari scopi: per le vele, per la radio, per le segnalazioni.

4. *fiocinatore*: pescatore che usa la fiocina. La fiocina è un arnese, quasi un'arma, da pesca che ha un manico più o meno lungo e delle punte di ferro.

5. *passerella*: ponte piccolo e leggero che di solito ha una funzione temporanea. Si usa ad esempio per passare da un'imbarcazione ad un'altra.

6. Il reddito medio in Calabria è di 1.200.000 lire all'anno a persona, mentre è di 2.400.000 nelle regioni del Nord-Centro e di 1.400.000 in quelle del Sud e delle isole.

7. *ribellione*: reazione conseguente ad uno stato di forte costrizione e di richieste ingiuste. Nelle regioni del Sud, dopo l'unità d'Italia, molti giovani si rifiutarono di fare il servizio militare, obbligatorio secondo le leggi del nuovo Stato che loro non conoscevano e non capivano. Spesso si nascosero nei boschi e si fecero «briganti» vivendo fuori della legge.

8. *fantasma*: ombra, spettro, anima vagante dei morti, immaginata dalla fantasia popolare. Estensivamente il termine si usa per indicare qualsiasi cosa che c'è ma non si vede, di cui non si conoscono le reali caratteristiche, funzioni, ecc.

9. Fu deciso di far nascere una grande industria siderurgica a Gioia Tauro come compenso offerto a Reggio Calabria per non essere stata scelta come capoluogo regionale. Nel 1970 infatti, quando tutte le regioni ottennero l'autonomia amministrativa, le funzioni di capoluogo furono assegnate a Catanzaro che si trova in posizione centrale. Questa decisione provocò forti tensioni e una rivolta di Reggio, durata molti mesi, poiché la popolazione non accettava di vedersi privata degli sperati posti di lavoro nell'amministrazione regionale.

In alto: la tipica imbarcazione per la pesca del pesce spada.

tificiale, ma il centro siderurgico non si è visto.

Certamente ha un forte peso su queste situazioni la presenza di una organizzazione mafiosa[10], tipicamente calabrese, detta «'ndrangheta» che si è diffusa intorno al 1950. In un primo tempo essa si occupava del settore agricolo e pretendeva tangenti[11] per proteggere gli agrumeti, poi è passata ad altri settori più redditizi. In questi ultimi anni la mafia calabrese si è resa tristemente famosa per una lunga lotta fra famiglie rivali, con continue uccisioni, anche di donne e bambini.

Anche la natura non è sempre generosa con questa regione. In nessun'altra località italiana le frane sono tanto frequenti; le colline rischiano spesso di essere portate a valle con le loro case e le loro colture. E ci sono anche le alluvioni delle fiumare[12], sempre troppo piene di terra. La Calabria meridionale è inoltre una zona ad altissimo rischio per quanto riguarda i terremoti dai quali Reggio è stata distrutta due volte (1783 e 1908). Nel terremoto del 1908 che colpì anche Messina e che è stato il più grave avvenuto in Italia in questo secolo, ci furono 123.000 morti. Povera Calabria!

10. *mafioso*: vedi «La mafia» (Sicilia).

11. *tangente*: qui il sostantivo, largamente usato nel gergo della malavita, significa quota di denaro.

12. *fiumara*: torrente dal letto larghissimo, ciottoloso, che è asciutto d'estate ed ha piene rovinose nel periodo delle maggiori piogge.

Esempio di fiumara.

A lato: un lago artificiale nella Sila; sotto: tradizionale processione a un «santuario» dell'Aspromonte.

Tanto sole, spiagge bellissime, mare pulito...

La Calabria offre molto ai turisti: spiagge molto belle e ancora un po' selvagge dove il sole è garantito per sei mesi, montagne alte e boscose che in inverno si coprono di neve abbondante, resti archeologici delle colonie greche.

Un buono sviluppo turistico sembra essere uno dei mezzi migliori per sviluppare l'economia della regione, ma fino ad ora solo il turismo marino è cresciuto veramente.

Le località più famose sono Scalea, Praia, Paola, Tropea, Santa Eufemia, ma sono nati un po' dappertutto, lungo le coste, alberghi, pensioni, campeggi* e le spiagge diventano sempre meno «selvagge» e sempre più affollate.

E vi sono in questa regione, che è la più meridionale della penisola, anche bellissimi paesaggi montani che ricordano le Alpi.

La Sila ha la più bella foresta di abeti e pini dell'Italia intera, ma anche le Serre, dove piove molto, hanno grandi boschi di querce, castagni[13], faggi fino ai 700-800 metri, dove arrivano gli olivi. Tuttavia gli unici centri montani che si sono sviluppati, sia per la villeggiatura estiva che per gli sport invernali, sono Camigliatello sulla Sila e Gambarie sull'Aspromonte.

Le opere d'arte, i monumenti illustri invece non sono molto numerosi in questa terra che offre tante bellezze naturali. Questo si deve in parte alle alluvioni, ai terremoti, alle guerre, ai materiali da costruzione poco resistenti e, purtroppo, anche all'opera diretta degli uomini.

Nel 1804 il re di Napoli fece trasferire nelle sue casse personali quanto di prezioso avevano chiese e conventi; i francesi, durante l'occupazione del 1806-1820 portarono via tutti i tesori che non si erano potuti nascondere.

13. *castagno*: albero con belle foglie di forma allungata, tipico dell'alta collina delle regioni mediterranee. Il suo frutto, la castagna, si raccoglie in autunno. Le castagne si mangiano bollite nell'acqua o arrostite sul fuoco; si fa con esse anche una farina che un tempo era molto usata nell'alimentazione delle popolazioni di montagna. La Calabria è, insieme al Piemonte, la regione che produce più castagne.

Anche delle splendide colonie greche che si trovavano sulle rive del mare Ionio, Sibari[14], Turi, Crotone, Locri, rimane poco. Possiamo ancora ammirare le bellissime colonne dei templi di Locri, perché utilizzate per la cattedrale di Gerace (Reggio Calabria), che è il monumento calabrese più illustre. Ma le cose più belle si possono vedere nei musei locali, soprattutto in quello di Reggio Calabria dove ci sono le due magnifiche statue di bronzo di dei o guerrieri, che dal luogo del ritrovamento vengono indicati come «Bronzi di Riace».

Furono scoperte, per un caso, nel mese di agosto del 1972, in uno specchio d'acqua di fronte al paese di Riace (Reggio Calabria). Hanno avuto bisogno di un lungo restauro, fatto dal Centro di Restauro della Soprintendenza Archeologica di Firenze, e sono apparse al pubblico nel 1981, in una mostra, a Firenze.

Alte due metri sono costruite con una tecnica di rara perfezione e danno l'idea della potenza e dell'armonia riunite nel corpo umano. Si pensa che siano opera della grande arte greca del V sec. a.C., ma su queste meraviglie si fanno e si faranno altre ipotesi[15] e molti studi. Intanto è importante vedere i due bronzi con la loro eccezionale bellezza e i loro occhi di avorio* che, dopo tanti secoli, sono tornati a fissarci.

14. Ricordiamo che Sibari aveva raggiunto un grande sviluppo, anche economico. Ancora oggi l'aggettivo «sibarita» è sinonimo di lusso e raffinatezza un po' eccessivi.

15. *ipotesi*: idea, supposizione che tende a spiegare fatti o fenomeni.
È un sostantivo femminile che, come pochi altri (la crisi, la tesi, il brindisi, ecc.), termina in «i». Tutti i nomi in «i» conservano al plurale la stessa forma del singolare.

Testa di uno dei Bronzi di Riace.

Sicilia

Superficie: 25.708 kmq

Popolazione: 4.903.000 ab.

Densità: 190 ab. per kmq

Capoluogo di regione: Palermo (673.000 ab.)

Capoluoghi di provincia: Catania (400.000 ab.), Messina (270.000 ab.), Siracusa (121.000 ab.), Trapani (70.000 ab.), Ragusa (65.000 ab.), Caltanissetta (61.000 ab.), Agrigento (50.000 ab.), Enna (30.000 ab.)

Sicilia greca, araba, normanna...

La Sicilia è la più grande delle regioni italiane e anche la più grande isola del Mediterraneo; per il suo clima mite, la bellezza della vegetazione e del paesaggio, la fertilità del suolo, nell'antichità richiamò l'interesse di vari popoli, vicini e lontani.

Il nome di Sicilia viene dal popolo dei siculi che arrivarono nell'isola intorno al XIII sec. a.C. Più tardi arrivarono i cartaginesi nella zona nord-occidentale e i greci sulle rive orientali e meridionali, dove dettero vita alle loro splendide colonie: Siracusa, Taormina, Agrigento, Segesta, Selinunte, Gela, ecc. Durante il VI, il V e gran parte del IV sec. è Siracusa la città più importante dell'isola e sarà Siracusa che lotterà a lungo, prima contro i fenici e poi contro i romani.

Famoso il tiranno siracusano Dionisio (430-367 a.C.) di cui la storia parla come di un uomo molto cattivo e corrotto, ma che fu anche un grande politico e un grande capo militare. E ancora più famoso il siracusano Archimede (287-212 a.C.), uno dei maggiori matematici dell'antichità che cercò, con le sue invenzioni, di difendere Siracusa dai romani.

I romani tuttavia riuscirono a vincere Siracusa e, diventati padroni di tutta l'isola, la coltivarono soprattutto a grano[1]. Caduto l'Impero romano, la Sicilia passò sotto il dominio dei bizantini e poi degli arabi (IX-XI sec.). Gli arabi governarono bene, lasciarono una certa libertà alle città, non chiesero troppe tasse*.

Così migliorarono tutte le attività economiche, e specialmente l'agricoltura ebbe un grande sviluppo; gli arabi importarono la coltura degli agrumi, della canna da zucchero, del cotone.

Nel 1091 i normanni riuscirono a diventare signori di tutta l'isola.

Anche quello dei normanni fu un buon governo; le diverse

1. La Sicilia veniva chiamata a quel tempo «il granaio di Roma».

razze (latini, greci, arabi, normanni), le diverse religioni ebbero il loro spazio e Palermo fu la splendida capitale di uno dei più ricchi e forti regni europei del tempo.

Dopo i normanni, come tutta l'Italia del Sud, la Sicilia fu dominata da svevi, angioini, aragonesi, spagnoli, borboni, che la sfruttarono e la resero sempre più povera. Per questo i siciliani furono contenti di andare a far parte del Regno d'Italia e, nel 1860, parteciparono attivamente con Garibaldi[2] alla guerra contro i Borbone; ma le condizioni dell'isola non migliorarono affatto.

Sicilia da vedere

La Sicilia è la regione che ha forse il più alto numero di bellezze naturali ed artistiche. Lo stesso contrasto* fra interno ed esterno, coste orientali ed occidentali, aumenta il fascino dei suoi paesaggi. Tutte le coste e le bellissime isole (Eolie,

Egadi, Pantelleria, Pelagie) hanno un clima tipicamente mediterraneo con tanto sole, poca pioggia e una temperatura non troppo calda grazie ai venti marini.

Le coste del mare Ionio sono le più belle e Taormina, la località turistica più famosa di tutta la Sicilia, offre, insieme alle bellezze della natura, un teatro greco (III sec. a.C.) dove si fanno ancora degli spettacoli. I teatri e i templi greci sono ciò che si ricorda di più dopo un viaggio in Sicilia, perché l'architettura greca è presente in tanti paesaggi siciliani, strettamente legata ad essi. Fra i teatri, sempre pieni di sole e di cielo, il più importante è quello di Siracusa; nei mesi di maggio e di giugno vi si rappresentano tragedie e commedie classiche. Ma c'è un teatro greco anche a Tindari e a Segesta, e templi ancora a Segesta, nella splendida Selinunte (Trapani) e ad Agrigento. I templi di Agrigento sono molti ed occupano una vasta zona, appena fuori dalla

2. *Giuseppe Garibaldi*: generale e uomo politico (Nizza, 1807 - Caprera, 1882). È l'eroe più popolare del Risorgimento italiano e contribuì notevolmente all'unità d'Italia. Condusse molte imprese di guerra, ma il suo nome è legato soprattutto alla spedizione dei Mille con cui la Sicilia e l'Italia del Sud furono liberate dai Borboni. Partì il 6 maggio 1860 per la Sicilia con soli 1089 soldati volontari, ma trovò molto appoggio da parte della popolazione. Garibaldi è rimasto l'eroe-simbolo del coraggio e della generosità. Politicamente fu sempre contro la monarchia e contro i preti.

Le isole Eolie di fronte alla costa settentrionale della Sicilia.

Il chiostro del monastero di Monreale (Palermo).

città, detta valle dei Templi, che è bellissima in gennaio e febbraio, quando i mandorli sono fioriti.

Del mondo romano è rimasta un'opera eccezionale: i mosaici della villa di Piazza Armerina (Enna) che sembrano essere del IV sec. d.C. I mosaici occupano quasi 4000 mq, rappresentano scene mitologiche* e di vita quotidiana; la loro bellezza ne fa un po' l'ottava meraviglia archeologica.

Del periodo bizantino ed arabo non rimangono cose importanti, ma ciò che venne costruito in epoca normanna è legato alla tradizione artistica degli arabi e dei bizantini.

A parte la città di Palermo, che merita un discorso più ampio, nella sua provincia sono da vedersi la cattedrale di Cefalù e il duomo di Monreale che con la sua felice sintesi di stili (romanico, bizantino, arabo) è un po' il simbolo di questa regione in cui ci sono state tante popolazioni e culture diverse.

Il duomo di Monreale e il chiostro* del suo monastero sono di una bellezza colorata e festosa, con gli archi finemente decorati e i grandi mosaici che non si dimenticano.

E si possono vedere in Sicilia
molte altre bellezze: le latomìe[3] siracusane, la fonte Are-
tusa, il vulcano Etna e Catania, Caltagirone con la sua singolare scala, le città del barocco (Noto, Acireale, Ragusa) e
i tanti paesi delle coste o del-
l'interno, divenuti famosi anche attraverso le pagine dei numerosi scrittori siciliani[4].

Palermo
fra splendori antichi
e miserie moderne

Palermo è, dopo Napoli, il
principale porto del Mezzogiorno e un attivo centro commerciale e industriale. Da qualunque parte si arrivi la città
appare bellissima in mezzo agli

3. *latomìa*: è il nome dato nell'antichità
alle cave di pietra.
Quelle di Siracusa furono trasformate in
prigioni ai tempi del tiranno Dionisio e vi
sono oggi bellissimi giardini.

4. La Sicilia ha dato un grande numero
di scrittori. Nell'800 Giovanni Verga, il più
grande narratore del «verismo» (corrispondente al naturalismo francese); nel
'900 Luigi Pirandello, famoso per le novelle, i romanzi, e più ancora per le molte opere teatrali; Giuseppe Tomasi di
Lampedusa, autore del celebre romanzo
Il Gattopardo; e ancora Elio Vittorini, Vi-
taliano Brancati, il poeta Salvatore Qua-
simodo e Leonardo Sciascia, scrittore vi-
vente assai noto.

In alto: le latomìe siracusane; in
basso: un caratteristico paesaggio
«lunare» creato dalla lava
dell'Etna e dal fiume Alcàntara.

agrumeti della Conca d'oro[5], tra il monte Pellegrino e il mare azzurro.

All'interno troviamo case moderne, vie con grande traffico, vetrine luminose e, in mezzo ad esse, i bellissimi monumenti del periodo normanno: la reggia di Ruggero II, fatta costruire nel sec. XII su un antico palazzo arabo e la Cappella Palatina con i grandi mosaici, San Giovanni dei lebbrosi e San Giovanni degli Eremiti. Quest'ultimo ricorda più di altri l'architettura araba con le cupole rosse e la semplice geometria della sua costruzione. Il chiostro è bellissimo, pieno, come una ricca serra, di piante verdi e dei profumi degli aranci e gelsomini.

Altre bellezze ci sono a Palermo: la Cattedrale, il Giardino Garibaldi che ha rare piante tropicali*, la Galleria Nazionale della Sicilia dove si trova

«l'Annunziata», un dipinto di Antonello da Messina[6] che è una delle opere più belle e importanti della pittura del '400. Ma appena dietro ai giardini profumati e alle ricche vie Maqueda e Vittorio Emanuele, ci sono i vecchi quartieri della città, poveri e sporchi. Qui, in pochissimo spazio, vivono numerose persone che non hanno un lavoro vero, sono sottoccupati o addirittura disoccupati. Talvolta cercano di arrangiarsi come venditori di cose vecchie, come lavatori di macchine oppure, specialmente nella zona del porto, si dedicano a «traffici» non legali, a furti* e rapine*. Le donne rimangono senza occupazione e hanno sempre molti bambini.

Le case spesso non hanno l'acqua (che è scarsa in tutta la città) né i servizi igienici; lo spazio è generalmente così poco per famiglie tanto numerose,

Palermo: la Cattedrale.

5. **Conca d'oro**: la zona pianeggiante attorno a Palermo.

6. **Antonello da Messina**: pittore (nato e morto a Messina, 1430-1479). Nelle sue opere, molte delle quali si trovano all'estero (Parigi, Londra, Vienna) è chiaro l'influsso fiammingo. Bellissime le figure, chiuse entro linee geometriche e piene di tristezza.

che si vive per lo più all'aperto, negli stretti vicoli.

Difficile è stabilire quanti sono gli abitanti di questi quartieri, poiché vi arrivano in continuazione nuovi immigrati dalle zone più povere della Sicilia interna; la densità raggiunge anche le 3000 persone per ettaro nel quartiere del Monte di Pietà. La regione, che gode di uno Statuto speciale, negli ultimi anni ha cercato di risolvere questi problemi, ma Palermo, splendida capitale del passato, «favorita di Dio» secondo il poeta arabo Jhr Zaffir, rimane una città dove il contrasto fra «bello e ricco» e «brutto e povero» è molto forte.

All'ombra degli aranci in fiore

Gli aranci o più in generale gli agrumi sono le colture più note della Sicilia.

La raccolta dei limoni.

Sembra che il nome di giardini, dato agli aranceti, venga dagli arabi che importarono questa pianta in Sicilia come pianta ornamentale* per i giardini di ville e moschee*. Ma è certo che gli agrumeti e in particolare tutta la Conca d'oro palermitana sono grandissimi

Un agrumeto nella fertile pianura ai piedi dell'Etna.

giardini. Le foglie degli agrumi hanno un colore verde, scuro e lucente, i loro fiori bianchi, chiamati zagare, hanno un profumo meraviglioso che in aprile penetra per le strade di Palermo e di Monreale, nei paesi e nelle campagne vicine. Le piante degli agrumi hanno bisogno di molta acqua in estate, ma danno buoni redditi. Vengono dalla Sicilia più della metà delle arance e dei mandarini italiani, addirittura il 92% dei limoni. Nelle brevi pianure costiere, oltre agli agrumi, si coltivano olivi, mandorli, noccioli, ortaggi e viti. Con le uve della zona di Marsala si produce un vino famoso, forte e dolce, che ha lo stesso nome della città.

Ma all'interno si coltiva per lo più grano con redditi assai scarsi, poiché il clima è molto arido, il terreno non fertile, poche le macchine agricole. Qui i siciliani lavorano soprattutto come braccianti e le condizioni di vita sono dure. Abitano in grandi paesi in mezzo alla desolata campagna bruciata dal sole, e gli uomini fanno ogni giorno parecchi chilometri per andare nei campi.

I giovani se ne sono andati quasi tutti via; sono partiti per le regioni italiane del Nord, per il «continente», come dicono i siciliani, per l'estero o per Palermo e le altre città della costa dove è concentrata la maggior parte delle industrie di raffinazione del petrolio e petrolchimiche (Augusta, Siracusa, Gela). Oggi si cerca anche di dare sviluppo ad altre industrie, soprattutto a quelle meccaniche, e di sfruttare meglio le ricchezze dell'isola[7].

Abbastanza sviluppata è l'in-

La pesca del tonno.

dustria alimentare legata alla conservazione del tonno[8] in scatola.

La Sicilia è al primo posto in Italia per la quantità di pesce pescato, anche se c'è crisi, poiché il Tirreno è sempre più povero di pesci.

Nel suo complesso lo sviluppo economico della Sicilia è insufficiente rispetto ai bisogni della popolazione. All'ombra dei bellissimi aranci che la fanno apparire terra favorita da Dio, ci sono numerosi problemi, piccoli e grandi, vecchi e nuovi, legati alla natura come la mancanza d'acqua o alla storia degli uomini come la mafia. Si cercano soluzioni, si spera e si fanno bei progetti: se si farà il ponte sullo stretto di Messina l'isola diventerà «continente».

La mafia

L'origine della parola «mafia» è assai incerta.

Secondo alcuni verrebbe dal toscano «maffia» (miseria),

7. La Sicilia ha un sottosuolo non del tutto privo di risorse. Una volta era la massima produttrice di zolfo, ma in seguito la maggior parte delle miniere siciliane ha dovuto chiudere per la concorrenza dello zolfo americano. I giacimenti di petrolio stanno per finire, ma ci sono ancora buone quantità di sali potassici, molto usati nei fertilizzanti agricoli.

8. Il tonno è un bellissimo pesce che da adulto (4-12 anni) pesa dai trenta ai quattrocentocinquanta chilogrammi. In Sicilia la pesca del tonno viene ancora fatta con il sistema della tonnara, una specie di prigione di rete in cui vengono fatti entrare i grandi pesci che nella stagione degli amori passano numerosi lungo le coste occidentali dell'isola. Dentro la loro prigione i tonni vengono uccisi in modo violento e questa operazione, che ha delle precise regole, si chiama «mattanza». In Sicilia il tonno si mangia anche fresco, venduto talvolta, come il pesce spada, direttamente dai pescatori, ma si consuma, in tutta Italia, soprattutto come prodotto in scatola.

secondo altri sarebbe una correzione del francese *mauvais*. Anche le origini nel tempo del fenomeno mafioso non hanno una data esatta né un'unica causa.

Certo la storia particolare di questa terra, vinta e dominata da tanti popoli diversi, ha favorito la sfiducia nella giustizia dello Stato da parte dei siciliani.

Il sistema feudale[9] poi, rimasto così a lungo, specialmente nella parte occidentale dell'isola, ha tenuto vivo il sentimento medioevale per il quale ognuno doveva difendere da sé la propria persona e i propri interessi, ed ha anche mantenuto* uno stato di grande ignoranza e povertà nel quale da sempre la violenza nasce e cresce bene.

Così si è creato lo spirito mafioso, con le sue regole non scritte, ma molto rigide. È prima di tutto proibito rivolgersi alla giustizia ufficiale: qualsiasi tipo di offesa, anche l'uccisione di un fratello o di un figlio, non si denuncia se si è *omu d'onuri* (uomo d'onore), ma si vendica. Vale la legge del coraggio, dell'abilità e del più forte.

Già prima del 1870 si ha notizia di alcune «cosche»[10] palermitane, note per le loro attività violente e illegali. Nel tempo lo spirito della mafia si è anche rivolto a riparare le ingiustizie e a proteggere le classi sociali inferiori, ma ha insieme avuto legami con gruppi di malfattori*. Per molti anni la mafia ha lavorato nell'agricoltura ed ha ricattato* i proprietari degli agrumeti delle campagne palermitane, poi si è spostata verso settori più redditizi come i trasporti, l'edilizia e la pubblica amministrazione, dove ha trovato aiuto nella corruzione di alcuni uomini politici.

Con l'emigrazione, la mafia siciliana si è diffusa negli Stati Uniti dove si è legata ad altri gruppi di malavita ed ha dato luogo al «racketeering».

Dagli anni '70 l'«onorata società» ha preso le caratteristiche di una vera e propria impresa con grossi capitali e la presenza nel campo industriale-finanziario. Il traffico della droga è diventato l'affare più importante, con un guadagno di circa 1000 miliardi di lire all'anno.

La guerra fra cosche rivali, con boss (capi) famosi come Luciano Liggio, Gaetano Badalamenti, Tommaso Buscetta, ecc., si è fatta molto violenta con quasi 1000 morti dal 1970 ad oggi.

Alle uccisioni dei mafiosi, dovute alle vendette* e ai tradimenti dell'«onore», si devono aggiungere quelle di coloro che si sono messi contro la mafia: sindacalisti, giornalisti, magistrati, deputati.

E quando si tratta di mafia i delitti sono protetti dall'omertà[11], le prove vengono distrutte, i testimoni o «non hanno visto» o vengono uccisi.

È stata approvata, nel settembre 1982, una legge antimafia da cui si sperano buoni risultati.

E un duro colpo alla mafia c'è stato nel 1984, anche perché il grande boss T. Buscetta «ha parlato».

Ma l'«onorata società» è molto forte, e lunghi e sottili* sono i fili che la legano con i più diversi settori dell'economia italiana.

9. feudale: che si riferisce al feudo o al feudalesimo.
Era il feudo un istituto, caratteristico del Medioevo, fondato sulla concessione da parte del sovrano ad un suo fedele (vassallo), di alcuni diritti su un determinato territorio. Con il termine «feudo» si indica anche il territorio dato in concessione feudale.

10. cosche: sono chiamate «cosche», in dialetto siciliano, i gruppi o associazioni mafiose. La parola fa parte del gergo mafioso così come «padrino», sinonimo di capo, boss, «onorata società» o «cosa nostra», sinonimi di organizzazione mafiosa.

11. omertà: la solidarietà che interviene per nascondere l'autore di un reato ed escludere in genere l'intervento della legge. Nelle «famiglie» mafiose l'omertà è una legge rigidissima; a chi non è della famiglia viene imposta dalla paura delle vendette.

Sardegna

Superficie: 24.090 kmq

Popolazione: 1.569.000 ab.

Densità: 65 ab. per kmq

Capoluogo di regione: Cagliari (240.000 ab.)

Capoluoghi di provincia: Sassari (116.000 ab.), Nuoro (35.000 ab.), Oristano (29.000 ab.)

Una terra, un popolo, una società di pastori

La Sardegna non ha caratteristiche comuni con le altre regioni. Lontana dalla penisola italiana (la distanza minore è di 180 km) ha avuto anche una storia diversa.

Gli abitanti dell'isola, fin dall'antichità, seppero resistere agli stranieri che al massimo si fermarono sulle coste, senza penetrare nell'interno. Solo i Romani riuscirono a dominare gran parte della Sardegna e ne rimane il ricordo nella lingua che ha molte caratteristiche del latino.

Per quanto riguarda l'ambiente naturale la Sardegna è per la maggior parte collinosa o montuosa, con un clima arido che non favorisce le coltivazioni. Così in gran parte della superficie dell'isola (70% circa) vi sono terreni incolti con una vegetazione di tipo mediterraneo (ginestre, eriche, lentischi, ecc.) dove la sola attività possibile è la pastorizia.

E pastori i sardi sono sempre stati, con modi di vivere e di intendere la vita propri di una società pastorale. La pastorizia è concentrata soprattutto nel massiccio del Gennargentu; da lì verso la fine di ottobre i pastori scendono con le pecore verso i pascoli della pianura e sono sempre soli con la loro ca-

A lato: pastori sardi che mungono le pecore.

Aspetto selvaggio e desolato del Gennargentu.

panna (sa pinnetta), all'acqua o al sole, senza domenica, senza famiglia. Portano in campagna i figli maschi non appena sanno guardare le pecore.

Gavino Ledda[1], nel bellissimo libro *Padre padrone* , racconta della sua dura educazione* di pastore, iniziata a soli sei anni. Il padre, dopo un solo mese, lo toglie dalla scuola e dice alla maestra:«Saprò fare di lui un ottimo pastore capace di produrre latte, formaggio e carne. Lui non deve studiare. Ora deve pensare a crescere....Lo studio è roba da ricchi: quello è per i leoni e noi non siamo che agnelli».

La comunità dei pastori ha molti usi, costumi, una cucina propria. Si fa ad esempio un pane sottilissimo, che si può conservare molto a lungo, detto «carta da musica» che i barbaricini[2] usano anche come piatto.

La Sardegna è al primo posto in Italia per l'allevamento di pecore e capre con circa 3.500.000 capi. Ma i sistemi di allevamento non sono molto cambiati dai tempi dei romani, e i pastori, anche se ce ne sono di più poveri e più ricchi, non sono quasi mai proprietari dei pascoli ed hanno grossi problemi, specialmente negli anni di grande siccità. Molti sono emigrati in Toscana per

1. *Gavino Ledda*: nato a Siligo (Sassari) nel 1938, analfabeta fino a venti anni, è riuscito a laurearsi in glottologia. *Padre padrone* è la rappresentazione della vita quotidiana di un pastore sardo e della lotta fra padre e figlio. Ma è anche l'eccezionale storia di un emarginato della cultura e del linguaggio che vuole ad ogni costo « crescere, conquistare la parola e il sapere».

2. *barbaricino*: abitante della Barbagia.

sfruttare i terreni meno fertili, abbandonati dagli agricoltori. In questi ultimi anni, accanto alla lavorazione artigianale del latte, fatta dai singoli pastori, sono nati anche moderni caseifici[3] come quello di Macomer (Nuoro) dove la produzione del formaggio pecorino è a livello industriale e dà buoni risultati. Ma è troppo poco. La pastorizia sarda si deve trasformare in un'attività moderna, più redditizia e meno dura per i pastori.

Dai nuraghi alle ville della Costa Smeralda

Le regioni del Sud e la Sicilia hanno avuto una lunga storia, la Sardegna poca storia. Le regioni del Sud, terre di splendide civiltà, hanno avuto nel passato un grande sviluppo civile ed economico, la Sardegna è rimasta per secoli al punto di partenza; i suoi monumenti più importanti, i nuraghi, appar-

tengono al periodo protostorico*.

In tutta la Sardegna si trovano i resti di circa settemila nuraghi, più o meno ben conservati. Sono edifici rotondi, come torri, più grandi alla base e più piccoli sulla cima, costruiti con grosse pietre messe una sull'altra senza cemento. In questi edifici sono state trovate piccole statue di bronzo di uomini e animali, ma nessuna iscrizione, per cui di una civiltà tanto antica (si pensa che sia nata quindici secoli prima di Cristo) sappiamo molto poco.

La presenza di veri e propri villaggi nuragici come quello di Barumini (Cagliari), con cinque torri e un centinaio di modeste capanne rotonde, fa pensare che i nuraghi, chiusi e scuri, fossero le abitazioni fortificate* del capo del villaggio; in essi si ritirava tutta la popolazione quando c'era la guerra con i villaggi vicini. Il nuraghe più bello è quello di Santu Antine, detto dai pastori

3. *caseificio*: stabilimento industriale per la trasformazione del latte in burro e formaggio. Con il latte di pecora non si fa il burro, ma il formaggio detto pecorino. Dal liquido che rimane dopo aver fatto il pecorino si ricava la «ricotta», una specie di formaggio morbidissimo, molto buono. La ricotta è usata per preparare alcuni piatti tipici italiani, come i ravioli, e ottimi dolci.

Resti di un villaggio nuragico.

«sa domu de su rei», la casa del re.

Ma il grande sviluppo turistico della Sardegna, avvenuto negli ultimi trenta anni, non è legato ai nuraghi, bensì a quelle coste che i sardi non hanno mai amato.

Le coste sarde, in modo particolare quelle nordiche della Gallura e quelle orientali, sono bellissime e non assomigliano alle altre coste dell'Italia; l'acqua è assai pulita e di colore verde, le grandi rocce sul mare molto suggestive; i cespugli di ginestre e lentischi molto profumati.

Sono assai belle anche le isole, soprattutto quelle dell'arcipelago della Maddalena. Le località più famose, fra Cala Liscia di Vacca e il golfo di Cugnara, nel tratto di costa noto come Costa Smeralda, sono Porto Cervo e Arzachena il cui nome sa di mistero e di antiche dolcezze.

Ma il tipo di turismo che vi si è sviluppato è di lusso, con gli alberghi costosi delle società internazionali o milanesi, le grandi ville, le boutique con cui la popolazione locale non ha niente a che fare e niente da guadagnare.

Così i vantaggi dello sviluppo turistico sono stati assai ridotti per l'economia sarda. E pure ridotti sono stati i vantaggi dell'industrializzazione.

Le maggiori industrie della Sardegna infatti sono grosse raffinerie e stabilimenti petrolchimici (Porto Torres, Sarroch, ecc.), nati anche con i soldi dello Stato, ma che richiedono pochi lavoratori specializzati e che pertanto non hanno risolto il drammatico problema della disoccupazione e dell'emigrazione.

La costa nei pressi di Alghero (Sassari).

Il banditismo

Il popolo sardo ha vissuto, attraverso i secoli, quasi sempre nell'interno dell'isola e, proprio nella Sardegna più interna, nel Nuorese, dove ci sono stati, e in parte ci sono ancora, i pastori isolati con le loro capanne, è nato il banditismo.

La solitudine, una vita elementare, a diretto contatto con la natura, hanno messo nel «cuore» degli uomini leggi primitive come quella dell'onore, della vendetta personale, del coraggio e della forza, insieme alla sfiducia nella giustizia dello Stato.

Il banditismo sardo non ha, come la mafia, un'organizzazione vera e propria, anche se ci sono l'omertà della gente di interi paesi, certe volte la simpatia per l'uomo forte, «fuori legge», e legami di amicizia e inimicizia fra gruppi di banditi.

Un tempo gli uomini si facevano banditi per cercare una soluzione a una situazione individuale difficile che poteva essere la morte o un furto delle loro pecore, un cattivo raccolto.

Simone Sole, protagonista del romanzo di Grazia Deledda[4] *Marianna Sirca*, racconta a Marianna che ha preso «la strada dei monti» per aiutare la famiglia e per voglia di libertà, ma che non ha mai ucciso. «...io pensavo alle mie sorelle sedute tristi in casa attorno al fuoco... A che ero buono io, se non riuscivo ad alleviare la vita grama della mia famiglia? Quella notte dovevo tornare qui all'ovile e invece me ne andai ai monti di Orgosolo. Dapprima non avevo un'idea chia-

ra, in mente; ma pensavo di unirmi a qualche bandito e cercare la sorte con lui. Era sempre meglio che fare il servo tutta la settimana».

In tempi più recenti ci sono stati purtroppo i molti morti delle vendette personali e familiari per le quali interi paesi hanno vissuto nella paura.

E inoltre ci sono i sequestri di persona[5], attività molto redditizia a cui si sono dedicati, in questi ultimi anni, i banditi sardi.

La società dei consumi, specialmente in una terra che per secoli è stata più povera di altre, fa desiderare beni costosi per i quali non bastano più le «bardane», i grossi furti di bestiame che i banditi facevano in altri tempi.

La presenza di tanti «ricchi veri» come il principe Karim, che hanno comprato terreni e costruito splendide ville sulla Costa Smeralda, ha inoltre offerto occasioni d'oro.

Sono stati numerosi i tentativi delle autorità dello Stato per porre fine al banditismo sardo, ma non è facile.

Lo stesso paesaggio, fatto di montagne deserte e di boschi, offre molte possibilità di nascondersi e favorisce la latitanza[6].

Dopo un nuovo sequestro di persona capita di leggere sui giornali che un famoso bandito è stato preso, vivo o morto, e c'è magari un periodo di calma in cui sembra che nei boschi del Gennargentu siano rimasti solo i mufloni[7] a guardare gli spazi deserti * con i loro occhi lucenti, ma a Fonni, a Orgosolo, a Mamoiada, a Orune tutti sanno che i mufloni non sono soli.

Gli scogli e il mare meraviglioso della Costa Smeralda.

4. *Grazia Deledda*: narratrice (Nuoro, 1871-Roma,1936). Fu un'autodidatta che scrisse moltissimo ed ebbe grande fama anche all'estero tanto da avere, nel 1926, il Premio Nobel per la letteratura. I critici sono per lo più concordi nel definirla una narratrice istintiva che talvolta manca di misura. Al centro della sua narrativa c'è la terra di Sardegna, con i suoi pastori, i suoi contadini, la sua società arcaica e piena di passioni violente. Tra i romanzi migliori ricordiamo *Elias Portulu* (1903); *Canne al vento* (1913); *Marianna Sirca* (1915); *La madre* (1920).

5. *sequestro di persona*: delitto che consiste nella privazione illecita della libertà personale. I banditi sardi (ma non solo essi) prendono una persona (anche bambini) appartenente a famiglia molto ricca e la tengono prigioniera fino a quando i familiari non pagano la somma che loro chiedono e che si chiama riscatto. Se nessuno paga il riscatto, «il prigioniero» viene ucciso.

6. *latitanza*: lo stato di chi volontariamente si sottrae all'arresto o alla carcerazione e per questo deve starsene nascosto. Nel linguaggio popolare essere latitanti si dice anche «vivere alla macchia».

7. *muflone*: pecora selvatica, molto bella. Del tutto scomparsa nel resto dell'Europa, vive in piccolo branchi tra le rocce e le macchie della Sardegna e della Corsica.

Donne sarde, donne italiane

Come il mare, come i paesaggi, anche le donne sono in Sardegna diverse dalle donne delle altre regioni italiane.

In molti paesi, soprattutto della Barbagia, tutte le donne portano ancora i costumi tradizionali che sono differenti da luogo a luogo; bellissimi e ricchi di ricami quelli delle feste, ma belli ed eleganti anche quelli di tutti i giorni. Le gonne sono sempre ampie e lunghe, non manca mai lo scialle*, di solito scuro, che viene portato con grande eleganza anche nel caldo dell'estate. Le donne sarde sono generalmente belle, con grandi occhi neri, ma soprattutto raffinate e gentili nei modi, nei movimenti, nel linguaggio. Piene di forza e di sicurezza, anche se rispettano l'autorità dell'uomo, sono delle regine.

Regine nello spirito però, perché la loro condizione non è bella e le più giovani non ne sono affatto contente. Le leggi di una società di tipo pastorale e la mancanza di industrie infatti hanno chiuso la donna sarda, più di altre, in casa a fare la moglie e la madre, o ad aspettare di farla.

Ma anche nel «continente» la condizione femminile non è tanto felice. Negli anni '60 le giovani donne, venute via dalla campagna, sono andate a lavorare nelle fabbriche e hanno avuto una parte importante nello sviluppo industriale italiano. Oggi, con il maggiore uso delle macchine, molte operaie hanno dovuto tornarsene a fare le casalinghe.

Le lotte del movimento femminista hanno ottenuto risultati più apparenti che reali, che si vedono bene in tempi di crisi economica, anche se in Italia, negli anni '70, le femministe sono state molto attive e vi sono state leggi importanti per la «liberazione» della donna: divorzio (1970), nuovo diritto di famiglia (1975)[8], aborto (1978).

Anche la donna che lavora occupa per lo più posti lasciati liberi dagli uomini, che hanno cercato occasioni migliori, e dipende dagli uomini.

Ha in ogni caso tutto il peso della casa, della famiglia e dei figli a cui spesso sacrifica* intelligenza, fantasia, sapere. E c'è il peso ancora maggiore di un certo tipo di educazione avuta nell'infanzia, e dei condizionamenti[9] dell'età adulta che non permetteranno mai una vera liberazione della donna in una società di «maschi».

Donna sarda con il costume delle feste, bellissimo e ricco di ricami.

8. La legge 19/5/1975 riconosce gli stessi diritti e gli stessi doveri al marito e alla moglie così come l'uguaglianza fra tutti i figli, sia nati nel matrimonio che fuori di esso.

9. *condizionamento*: si dicono condizionamenti tutti quei processi che determinano nell'individuo risposte, atteggiamenti, comportamenti voluti da altri. Oggi i mezzi di comunicazione di massa (radio, televisione, giornali, ecc.) sono mezzi potentissimi per creare i condizionamenti utili alla società e al potere.

Glossario

abbondanza: grande quantità.

abile: bravo, capace.

acquario: vasca, di solito a vetri, in cui si fanno vivere piante e animali acquatici (in genere pesci molto piccoli e molto colorati) a scopo di ornamento e di studio. L'acquario è anche uno dei segni dello Zodiaco.

adattamento: raggiungimento di una relazione soddisfacente con un nuovo ambiente o una nuova situazione, tanto fisica che interpersonale.

affari: attività commerciali.

affluente: fiume le cui acque non sfociano nel mare, ma in un altro fiume.

affollamento: presenza eccessiva di gente.

aggravare: rendere una cosa più grave.

agonia: periodo che precede immediatamente la morte, caratterizzato da una progressiva riduzione delle funzioni vitali.

allargare: rendere più larga, più ampia una cosa. Estendere, dilatare.

alluvionale: si dice di un terreno formato per deposito di materiali trasportati dai corsi d'acqua.

altrove: in un altro luogo, da un'altra parte.

analfabeta: chi non sa né leggere né scrivere.

argentato: simile al colore dell'argento.

arido: secco, asciutto.

armonia: accordo fra varie cose (elementi architettonici, colori, suoni, ecc.).

aromatico: che manda un odore buono, gradevole.

arretrato: che si trova indietro rispetto all'evoluzione e al progresso.

artificioso: non naturale, non spontaneo, ma volutamente complicato.

autocarro: autoveicolo per il trasporto di merci.

avorio: particolare sostanza di cui sono costituite le zanne degli elefanti, dei trichechi, ecc. Fin dalla preistoria fu usato come materiale per piccole sculture o per intagli.

balneare: relativo ai bagni, specialmente di mare. Si dice stagione balneare, centro balneare, stabilimento balneare, ecc.

baracca: costruzione di legno o metallo per ricovero provvisorio di persone, animali o materiali.

battersi: lottare, combattere con forza.

battistero: il battistero è una chiesa, generalmente piccola, costruita esclusivamente per battezzarvi i bambini.

beneficienza: aiuto dato a persone bisognose.

bilingue: che usa normalmente due diverse lingue.

branco: gruppo spontaneo di animali della stessa specie.

brullo: nudo, spoglio. Il termine si usa specialmente per definire un terreno arido, privo di verde.

buca: cavità naturale o artificiale del terreno.
Il «buco» è invece una piccola cavità o una piccola apertura per lo più di forma rotonda che può trovarsi ovunque (un buco nel muro, in una calza, nel formaggio ecc.).

burocratico: che riguarda l'organizzazione e il funzionamento dei pubblici uffici.

campeggio: terreno custodito, con strutture adeguate (servizi igienici, di ristoro, ecc.), dove si può campeggiare, cioè soggiornare con una tenda o una roulotte.

cartello: avviso pubblico con caratteri, scritti o iconici, ben visibili.

castigo: punizione.

cedere: cessare di opporre resistenza, ritirarsi.

cemento: è la sostanza che si usa largamente nelle opere murarie moderne in quanto è capace di aderire a materiali non adesivi e di mantenerli saldamente uniti.

cero: grossa candela di cera che si usa soprattutto nelle cerimonie religiose.

cespuglio: insieme intricato di rami o pianticelle di modesta altezza.

chiostro: cortile circondato da un portico, all'interno di un monastero o di un convento.

circostante: che sta intorno.

cittadina: piccola città. Lo stesso termine è femminile di cittadino che significa abitante della città.

civico: in generale si dice di ciò che riguarda la città, la cittadinanza, il cittadino in quanto abitante di una città.

collegato: da collegare. Mettere in comunicazione, unire, congiungere.

collettivo: che riguarda o interessa un certo numero di persone.

concorrenza: competizione tra persone o enti che cercano di affermarsi nello stesso settore. Questo termine si usa molto nel linguaggio commerciale.

condizionamento: si dicono condizionamenti tutti quei processi che determinano nell'individuo risposte, atteggiamenti, comportamenti voluti da altri.

confine: linea, costituita naturalmente o artificialmente, per delimitare l'estensione di un territorio o la sovranità di uno Stato.

conflitto: contrasto, lite. Il conflitto armato è la guerra.

congestionato: da congestionare, intralciare, bloccare per afflusso eccessivo.

contrasto: contrapposizione, disaccordo di cose diverse fra loro.

controllare: tenere sotto il proprio dominio, padroneggiare.

corda: treccia di fili attorcigliati, usata per legare, tirare, sostenere.

corrotto: aggettivo e participio passato del verbo corrompere. Spiritualmente guasto, vizioso, peccaminoso.

cosmopolita: si dice di una persona o di un luogo in cui vi siano caratteri universali.

costume: modo di vestire tipico di certi luoghi, di certi tipi. Il termine indica anche l'usanza, l'abitudine, il modo consueto di pensare di un individuo, di un gruppo o di un popolo.

cratere: si chiama così la bocca, la cavità del vulcano da cui esce la lava.

credenza: si usa questo termine per indicare l'insieme delle tradizioni e delle leggende di un popolo; più ampiamente, è ciò che si crede, l'opinione.

crisi: turbamento che avviene in una situazione, in uno stato di equilibrio e di normalità e che ne può distruggere sia la stabilità sia l'esistenza.

crollato: participio passato del verbo crollare. Andare in rovina, abbattersi al suolo. In senso figurato significa essere sopraffatto, cedere del tutto ad un attacco.

cupo: scuro.

danno: fatto, circostanza, azione che nuoce a persone o cose sia materialmente sia immaterialmente.

decorazione: lavoro di abbellimento, ornamento di strutture e superfici architettoniche o di oggetti artistici in genere.

demografico: relativo all'aspetto quantitativo della popolazione.

demonio: spirito provocatore di tutto il male che viene fatto nel mondo e della perdizione dell'uomo. L'angelo è invece lo spirito buono.

deserto: spogliato, disabitato, solitario.

desolato: si dice di un luogo privo di vita, di vegetazione, spesso abbandonato.

dialetto: il dialetto è una lingua regionale, o locale, in una nazione in cui esiste una lingua ufficiale.

diboscamento: taglio di un bosco.

differente: diverso.

di frequente: spesso.

diffuso: da diffondere. Rendere presente o conosciuto qualcosa in uno spazio sempre più ampio (esempio: diffondere una notizia).

disabitato: non abitato. Si dice di un luogo privo di persone che vi risiedono o vi circolano.

discordia: diversità di pensiero e di scopi tale da far nascere rivalità, litigi, battaglie. Il contrario di discordia è «accordo».

diva: si usa spesso come sinonimo di attrice, ma «divo» è qualsiasi personaggio del mondo dello spettacolo o dello sport che ha grande successo e popolarità.

dominante: che è presente come caratteristica principale.

dominare: possedere un'autorità o un potere unico ed indiscusso.

drappo: pezzo non tanto grande di stoffa bella come la seta.

duomo: si chiama duomo la chiesa più grande e importante della città; essa prende anche il nome di cattedrale.

eccessivo: troppo grande.

eccezionale: straordinario, unico.

ecologico: relativo all'ecologia, scienza che studia i rapporti fra gli organismi viventi e l'ambiente circostante.

educazione: insegnamento e apprendimento di principi intellettuali e morali che vengono dati generalmente dagli adulti ai ragazzi, in accordo con le esigenze dell'individuo e della società.

emarginato: da emarginare. Messo ai margini, da parte, in un gruppo, in una situazione.

epidemia: diffusione rapida di una malattia contagiosa come il colera o il tifo o altre.

eruzione: l'uscita all'esterno di materiali e sostanze varie come gas, lava e ceneri, dal cratere di un vulcano.

esercitato: participio passato di esercitare. Praticare, svolgere un'attività.

esperto: che sa fare bene una cosa.

estendere: rendere più ampio o più lungo.

facciata: la struttura esterna principale di un edificio, corrispondente a un lato del suo perimetro.

fango: terra trasformata in poltiglia dall'acqua.

fantino: l'uomo che sta sul cavallo durante una corsa.

faticato: da faticare. Lavorare con fatica, penare, sforzarsi.

favorevole: che aiuta a raggiungere un certo scopo. Si usa con lo stesso significato il verbo favorire.

fecondare: mettere in grado di riprodurre la specie.

fertile: capace di produrre, di rendere bene.

festeggiamento: svolgimento di una festa.

fiabesco: si dice di qualcosa che per il suo aspetto, la sua atmosfera, fa pensare ad una fiaba (racconto fantastico per bambini), cioè a qualcosa di incantato e di immaginario.

fiaccola: lume costituito da materiale infiammabile che si usa oggi per illuminare all'aperto.

filari: file di piante.

finanziario: relativo alla finanza, al denaro.

fine: di buon gusto, raffinato, acuto.

fittamente: densamente, intensamente.

floricoltura: la coltivazione dei fiori.

folklore: la parola folklore, o folclore, indica l'insieme delle tradizioni popolari e delle loro manifestazioni.

foraggio: si indica con questo nome l'erba o, più in generale, i prodotti vegetali destinati all'alimentazione del bestiame.

foresta: grande estensione di terreno coperta da alberi.

fortificato: che ha opere, mezzi di difesa.

franoso: che ha frequenti frane cioè spostamenti verso il basso di materiali rocciosi.

frastagliato: si dice di una montagna e di una costa che non è lineare, ma che ha molte sporgenze.

fuggire: allontanarsi velocemente o segretamente da un luogo.

funerale: l'insieme delle cerimonie funebri (religiose e non) e l'accompagnamento di un morto al cimitero.

furbo: accorto, scaltro, astuto, malizioso.

furto: sottrazione, mediante frode, di un oggetto. Commettere un furto è rubare. Chi ruba è un ladro.

gara: competizione fra individui o squadre che praticano uno stesso sport o una stessa attività.

genuino: che conserva gli elementi costitutivi originali e naturali; autentico, schietto. Per i cibi l'aggettivo si usa in contrapposizione a «sofisticato».

geometrico: proprio della geometria, che è quella parte della matematica che studia lo spazio e le figure spaziali.

giungere: arrivare.

golfo: avanzamento più o meno profondo e aperto del mare entro la terraferma.

graduale: che procede o si svolge per gradi.

grattugiato: da grattugiare, cioè ridurre pane o formaggio in piccolissimi frammenti.

grotta: cavità naturale, di solito a sviluppo orizzontale, che si trova soprattutto nelle rocce calcaree.

guardiano: la persona che guarda, cioè sorveglia, custodisce una determinata proprietà, pubblica o privata.

igienico: che riguarda l'igiene, cioè l'insieme delle norme da rispettare per il mantenimento della salute. Comunemente la parola igiene si usa con particolare riferimento alla pulizia personale e degli ambienti.

imposto: participio passato di imporre. Prescrivere o comandare, approfittando dell'autorità. Si usa anche con un senso, più o meno esplicito, di sopraffazione o costrizione.

improduttivo: che non produce o dà un guadagno. Si dice che è improduttivo il terreno roccioso su cui non cresce neppure l'erba per il pascolo.

incolto: non coltivato.

incontaminato: puro, che non ha aspetti estranei alle caratteristiche proprie di una cosa.

infanzia: la prima età dell'uomo. Propriamente va da 0 a 6 anni, poiché si chiama fanciullezza l'età fra i 6 e i 12.

ingrandirsi: diventare più grande, aumentare di estensione.

inondato: ricoperto di acqua.

inquinamento: modificazione negativa di una sostanza o elemento vitale (aria, acqua, ecc.) causata da germi o sostanze nocive.

intonacato: participio passato di intonacare. Rivestire muri, pareti ecc., di un leggero strato di calcina.

inventarsi: inventare per sé. Attuare, creare qualcosa che è frutto dell'immaginazione.

inverso: si dice quando vi è il massimo cambiamento possibile di direzione e condizione. Fare il viaggio inverso significa partire dal punto di arrivo per arrivare al punto di partenza.

ipotesi: idea, supposizione che tende a spiegare fatti o fenomeni.

irreale: che non è reale, cioè non trova riferimenti nella realtà.

isolato: solitario, appartato, privo di possibilità di contatto.

leggenda: racconto in cui fatti e personaggi o sono immaginari o sono cambiati, alterati dalla fantasia e dalla tradizione, per rendere gli stessi fatti e personaggi più interessanti ed esemplari.

licenziato: da licenziare. Allontanare un lavoratore dipendente dalla propria occupazione o interrompere il pagamento delle sue prestazioni. Il lavoratore licenziato, che non ha più un lavoro, si dice «disoccupato».

lottare: impegnarsi in una decisa azione di affermazione o di difesa. Si può lottare per difendere le proprie idee, ma anche un territorio.

madonna: signora, donna del Medioevo.

maestoso: che ha aspetti di imponenza e solennità belli e armoniosi.

malavita: vita moralmente e socialmente riprovevole.

malfattore: persona che commette di solito azioni illecite, non consentite dalla legge.

mantenuto: participio passato di mantenere. Far continuare ad essere, far durare.

marmellata: conserva di frutta, cotta con aggiunta di molto zucchero.

medesimo: stesso.

mentalità: l'insieme delle reazioni abituali, del modo di essere caratteristico di una persona, di un gruppo, di un paese, di fronte ai problemi della vita.

meridionale: persona che abita o viene dal Sud d'Italia detto anche Mezzogiorno o Meridione. Il termine si usa anche come aggettivo (l'Italia meridionale, le città meridionali ecc.).

miliardario: chi ha ricchezze che raggiungono o superano il miliardo. Un miliardo equivale a 1.000 milioni di lire.

miseria: povertà, indigenza. Stato di bisogno tale da pregiudicare seriamente la dignità morale o sociale di un individuo.

mite: privo di durezza, dolce, clemente.

mitologico: che appartiene alla mitologia, cioè alle elaborazioni fantastiche e religiose di una determinata cultura.

monotono: si dice di una cosa ripetuta o insistente.

morso: è l'azione dei denti. Dare un morso equivale a mordere, ricevere un morso a essere morso.

mosaico: tecnica pittorica fondata sull'impiego di piccoli elementi (tessere) applicati ad una superficie.

moschea: edificio del culto musulmano.

nenia: canto lento e monotono che ritorna ad ogni verso sulla stessa melodia e sullo stesso tono.

nobiltà: classe sociale che godeva di particolari privilegi e che, in determinate epoche, è stata molto forte e molto ricca.

obbligatoriamente: in modo obbligatorio, cioè previsto ed imposto per legge o comunque da precise disposizioni.

omertà: la solidarietà che interviene per nascondere l'autore di un reato ed escludere in genere l'intervento della legge.

originario: che un tempo si trovava solo in un determinato luogo.

ornamentale: destinato a fini di decorazione o di abbellimento.

ortaggi: le piante erbacee coltivate negli orti a scopo alimentare: insalate, carote, cipolle, ecc.

ostilità: sentimento, atteggiamento o comportamento caratterizzato da avversione dovuta a motivi di inimicizia o di diffidenza.

pagano: che appartiene alle civiltà esistite prima del cristianesimo o ad un mondo culturale e religioso diverso da quello cristiano.

palo: elemento verticale, di materiale vario (legno, cemento, ecc.), in genere a sezione rotonda, ma anche prismatica, che viene infisso nel terreno per le fondamenta delle costruzioni oppure per sostegno o per recinzione.

pascolo: terreno coperto di erbe spontanee, cioè non coltivate, dove si lasciano liberamente mangiare gli animali erbivori come i bovini, le pecore e le capre.

pastore: chi guarda, controlla, custodisce gli animali al pascolo.

pellegrinaggio: viaggio compiuto individualmente o collettivamente per scopi religiosi o comunque di pietà.

penetrare: spingersi dentro con fatica, aprendosi un passaggio o utilizzando aperture minime.

peninsulare: si definisce come peninsulare la parte dell'Italia che è geograficamente una «penisola», cioè una terra circondata per tre lati dal mare.

permeabile: che può essere attraversato e quindi assorbe (liquidi, luce, ecc.).

persecuzione: forma radicale e spietata di lotta contro le minoranze. Il termine si usa anche nel linguaggio quotidiano per indicare ciò che costituisce un'oppressione esasperata.

pittoresco: si dice comunemente di un paesaggio o di una scena con colori e caratteristiche di particolare vivacità ed espressività.

pizzo: merletto, trina.

pozzo: scavo verticale, generalmente di forma circolare, fatto nel terreno per utilizzare l'acqua che si trova nel sottosuolo. Ci sono anche pozzi d'acqua piovana.

pregiato: si dice di qualcosa che è bello o che ha valore (quadro, mobile, stoffa, ecc.).

prevalenza: superiorità conferita da una maggiore importanza o consistenza, anche semplicemente numerica.

prigione: si dice genericamente di un luogo opprimente in cui ci si sente prigionieri. Nell'uso familiare della lingua è sinonimo di carcere.

prolungamento: elemento che rappresenta la continuazione di qualcosa.

protezione: azione di difesa contro possibili danni.

protostorico: che appartiene alla protostoria. Si chiama protostoria il secondo periodo della preistoria che comprende l'età del bronzo e quella del ferro.

provocare: causare, determinare. In senso più specifico si usa anche nel senso di eccitare, irritare.

raffinato: si dice di arte, stile, cultura, caratterizzati da ricercatezza o squisitezza.

rapina: azione delittuosa che consiste nella sottrazione di cose altrui, fatta con violenze o minacce.

redditizio: che produce reddito, cioè guadagno. Che è vantaggioso agli effetti economici.

reggia: edificio destinato ad abitazione del Re.

regolare: che segue o mantiene una regola. Non ha caratteristiche o comportamenti irregolari, inconsueti, imprevisti.

restaurato: da *restaurare*. Rimettere nelle condizioni originarie un manufatto o un'opera d'arte, una chiesa, una casa, per mezzo di opportuni lavori di riparazione.

retrivo: legato al passato in modo non critico, con ostinata avversione per qualsiasi forma di progresso civile e sociale.

ribellione: reazione conseguente ad uno stato di forte costrizione e di richieste ingiuste.

ricattato: participio passato di ricattare. Prendere a una persona denaro o altri beni con la minaccia di fare qualcosa che possa danneggiarla.

richiedere: avere bisogno, necessitare.

ricurvo: curvo. Che si presenta con profilo ad arco. Non diritto.

ridurre: diminuire, limitare in modo opportuno.

rimpianto: ripensamento nostalgico, più o meno amaro, di persone o vicende.

ripido: che ha forte pendenza ed è quindi difficile da percorrersi.

riprodursi: generare individui della stessa specie. In senso estensivo si usa per «verificarsi di nuovo».

risiedere: avere dimora, ufficialmente riconosciuta, in un luogo.

riunire: mettere insieme.

rivalità: stato di continua discordia fra persone, città, ecc., che si dicono rivali e in competizione per il raggiungimento dello stesso scopo.

romantico: nel senso più estensivo indica qualcosa che è capace di suscitare un'atmosfera particolarmente suggestiva e sentimentale.

rurale: relativo alla campagna. Deriva dal latino rus-ruris e si usa spesso in contrapposizione ad «urbano».

saccheggiato: da saccheggiare. Appropriarsi in modo violento dei beni altrui.

sacrificare: rinunciare a qualcosa per uno scopo che viene ritenuto più importante.

saltuario: che è caratterizzato da interruzioni frequenti, ma non costanti.

scambio: si fa uno scambio quando si cede un bene o una prestazione in cambio di un altro bene o prestazione.

scaricare: levare il carico, generalmente da un mezzo di trasporto.

scialle: è un indumento femminile molto semplice, fatto da un pezzo di tessuto quadrato, triangolare o a ruota, che si porta sulle spalle e anche in testa.

scomodo: che non è comodo, che dà disagio, disturbo.

selvatico: si dice di un animale che vive in libertà; è il contrario di «domestico».

sepolto: participio passato di seppellire, cioè ricoprire, sommergere completamente.

serratura: mezzo meccanico di chiusura e di apertura.

sfruttamento: approfittarsi dello stato di bisogno o di inferiorità di chi presta la propria opera. In senso più generale sfruttare significa ricavare da un bene o da una situazione il maggior utile possibile.

siccità: carenza di pioggia e in genere di umidità.

simbolo: segno che ha la funzione di richiamare il significato e il valore di particolari realtà astratte o concrete.

soddisfacente: positivo o rispondente alle aspettative.

sotterraneo: situato o fatto sotto la superficie del terreno.

sottile: che ha uno spessore molto limitato e che quindi riesce ad entrare, penetrare più facilmente.

sottosuolo: è lo strato sottostante alla superficie del terreno.

sottosviluppo: si dice di una situazione per cui in un paese il reddito pro capite non cresce o cresce in misura ridotta rispetto alle risorse.

sovrano: Re, capo di uno Stato retto da una monarchia.

spada: arma a lama lunga, diritta e appuntita, famosa perché usata dai cavalieri. Esistono con questa parola molte espressioni idiomatiche e proverbiali.

sparso: distribuito in modo irregolare e disordinato. In senso contrario si usa «concentrato», cioè raccolto in notevole quantità in uno stesso luogo.

spostarsi: andare da un posto all'altro.

spumante: è un vino bianco effervescente tipo Champagne. Si beve alla fine di un pranzo o di una cerimonia augurale.

stabilimento: edificio creato per la lavorazione industriale.

stagionare: conservare determinati prodotti in condizioni adatte per ottenere il prosciugamento, l'indurimento o altre caratteristiche qualitative.

striscia: pezzo stretto e lungo di stoffa, di carta, di cuoio, ecc.

successivo: che viene dopo.

suggestivo: capace di dare impressioni profonde anche se vaghe e indefinite.

superstizione: credenza o pratica non razionale, fondata su presupposti magici ed emotivi.

svendere: vendere ad un prezzo inferiore da quello solito o addirittura vendere sottocosto.

sviluppo: aumento progressivo di qualche cosa.

tassa: ciò che i privati cittadini pagano allo Stato o a un Ente pubblico.

tensione: situazione di inimicizia, di eccitabilità, che deriva da interessi contrastanti, molto prossima al conflitto.

tessitura: operazione del tessere cioè fabbricare una stoffa sul telaio.

tradizione: il complesso delle memorie, notizie e testimonianze, trasmesse da una generazione all'altra. Il termine si usa talvolta anche come sinonimo di consuetudine.

trattore: automezzo addetto al traino, usato soprattutto in agricoltura.

tropicale: relativo ai tropici, proprio di essi o della zona detta «tropicale» in quanto compresa fra i due tropici.

ufficiale: si dice di «cosa» stabilita dall'autorità competente.

umido: bagnato, con presenza di acqua.

umorismo: è un modo di vedere, interpretare e presentare la realtà ponendone in risalto gli aspetti o lati poco comuni e divertenti.

usanza: manifestazione abituale della vita pubblica o privata.

usciere: chi ha il compito di dare informazioni, indirizzare o accompagnare il pubblico all'interno degli uffici.

utilizzato: da utilizzare, cioè sfruttare, impiegare in modo fruttuoso; nello stesso senso si usa il sostantivo «utilizzazione».

vasto: grande.

vegetazione: insieme delle piante di un territorio.

vendetta: danno materiale o morale, fatto ad altri per pareggiare un danno o un'offesa subiti.

viceversa: in direzione o maniera inversa o contraria.

villa: con questo termine si indica oggi un'abitazione ampia ed elegante, circondata da un giardino.

vitale: che ha capacità di vivere.

Atlante geografico

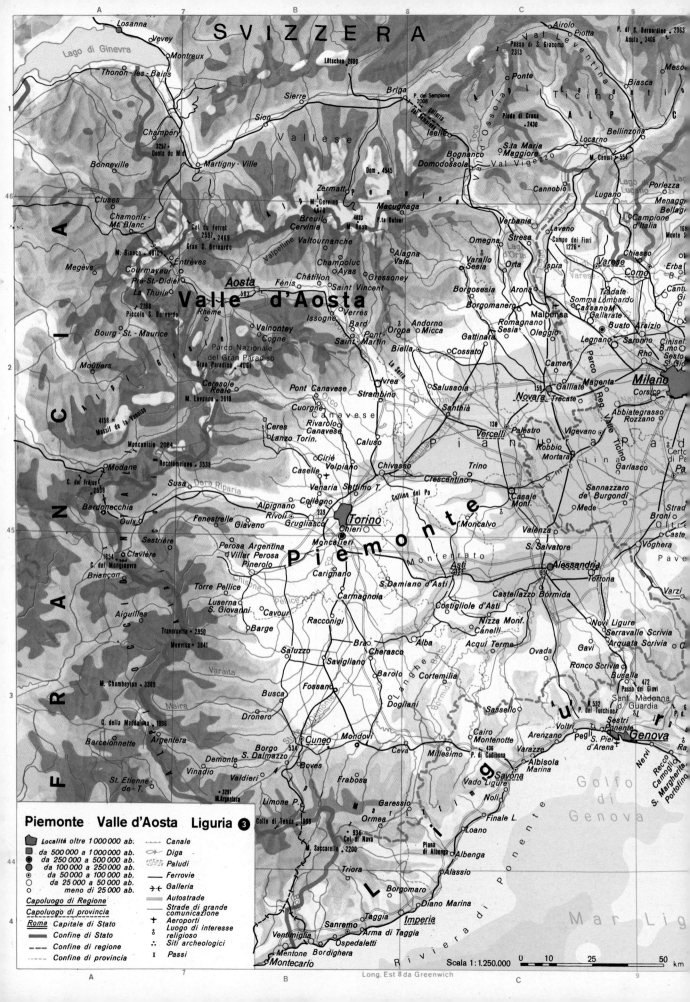

SVIZZERA

Piemonte Valle d'Aosta Liguria ③

Localitá oltre 1 000 000 ab.
da 500 000 a 1 000 000 ab.
da 250 000 a 500 000 ab.
da 100 000 a 250 000 ab.
da 50 000 a 100 000 ab.
da 25 000 a 50 000 ab.
meno di 25 000 ab.

Capoluogo di Regione
Capoluogo di provincia
Roma Capitale di Stato
Confine di Stato
Confine di regione
Confine di provincia

Canale
Diga
Paludi
Ferrovie
Galleria
Autostrade
Strade di grande comunicazione
Aeroporti
Luogo di interesse religioso
Siti archeologici
Passi

Scala 1:1.250.000

0   10   25   50 km

Long. Est 8 da Greenwich

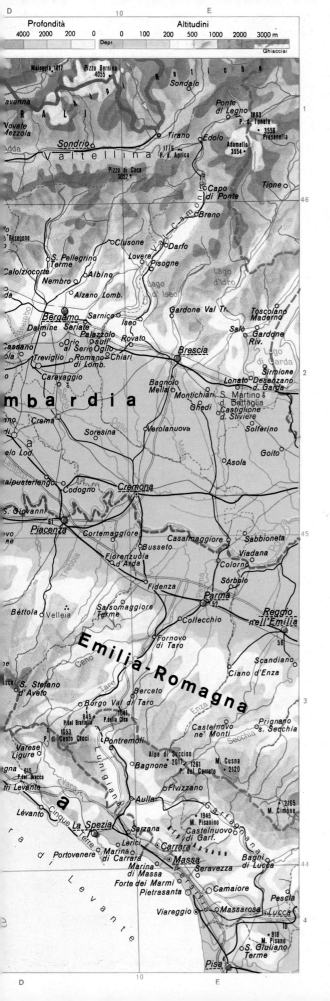

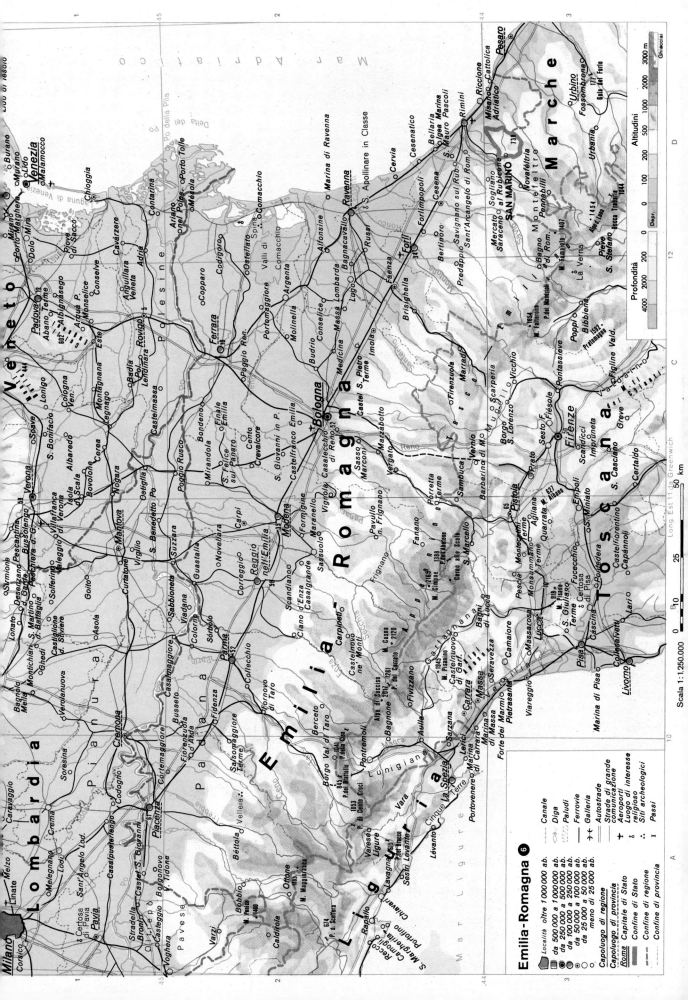

Emilia-Romagna 6

Località oltre 1000 000 ab.
da 500000 a 1000000 ab.
da 250000 a 500000 ab.
da 100000 a 250000 ab.
da 50000 a 100000 ab.
da 25000 a 50000 ab.
meno di 25000 ab.

Capoluogo di regione
Capoluogo di provincia
Roma Capitale di Stato
Confine di Stato
Confine di regione
Confine di provincia

⌐⌐⌐ Canale
⟋ Diga
Paludi
Ferrovie
⊢ Galleria
Autostrade
Strade di grande comunicazione
Aeroporti
† Luogo di interesse religioso
∴ Siti archeologici
) (Passi

Scala 1:1.250.000

0   25   50 km

Altitudini
Depr. 0 100 200 500 1000 2000 3000 m

Profondità
4000 2000 200 0 Depr.

Ghiacciai

Long. Est 11 da Greenwich

Profondità | Altitudini
4000 2000 200 | 0 | 0 100 200 500 1000 2000 3000 m
Depr.
Ghiacciai

T R I A
Spittal an d.Drau
drauburg
C a r i n z i a
Feldkirchen i.Kärnten
Paternion
Ossiach
A L I
Hermagor
Villaco
Pontebba
Kranjska Gora
Tarvisio
Jôf di Montasio 2753
Jesenice
F r i u l i -
1156 Passo d. Predil
Carnia
M. Tricorno 2863
Venzone
2585 M. Canin
n e z i a
M. Nero 2245
Gemona d. Friuli
Caporetto
Piedicolle 854
oppo
Artegna
Tolmino
Tarcento
G i u l i a
S. Daniele d. Fr.
ergo
Udine
Cividale d. Friuli
Canale d' Isonzo
ano
M. Calvo 1495
Idria
Cormons
Gorizia
Aidussina
ipo
Palmanova
Gradisca d'Isonzo
S. Giorgio di Nogaro
Ronchi d. L.
Redipuglia
C a r s o
Cervignano d. Fr.
Monfalcone
Duino
atisana
Aquileia
Aurisina
Laguna
Opicina
Lignano di Merano
San Canziano
Sabbiadoro
Grado
Trieste
Golfo di Trieste
Muggia
Pirano
Capodistria
olfo
Umago
di
Cittanova
Montona
nezia
Pisino
Parenzo
I s t r i a
Canfanaro
Albona
Rovigno
Dignano d'I.
Adriatico
Is. Brioni
Pola
C. Promontore

Veneto Trentino-Alto Adige ❺
Friuli-Venezia Giulia

Località oltre 1 000 000 ab. | Canale
da 500 000 a 1 000 000 ab. | Diga
da 250 000 a 500 000 ab. | Paludi
da 100 000 a 250 000 ab. | Ferrovie
da 50 000 a 100 000 ab. | Galleria
da 25 000 a 50 000 ab. | Autostrade
meno di 25 000 ab. | Strade di grande comunicazione
Capoluogo di regione | Aeroporti
Capoluogo di provincia | Luogo di interesse religioso
Roma Capitale di Stato | Siti archeologici
Confine di Stato | Passi
Confine di regione
Confine di provincia

0 25 50 75 100 km

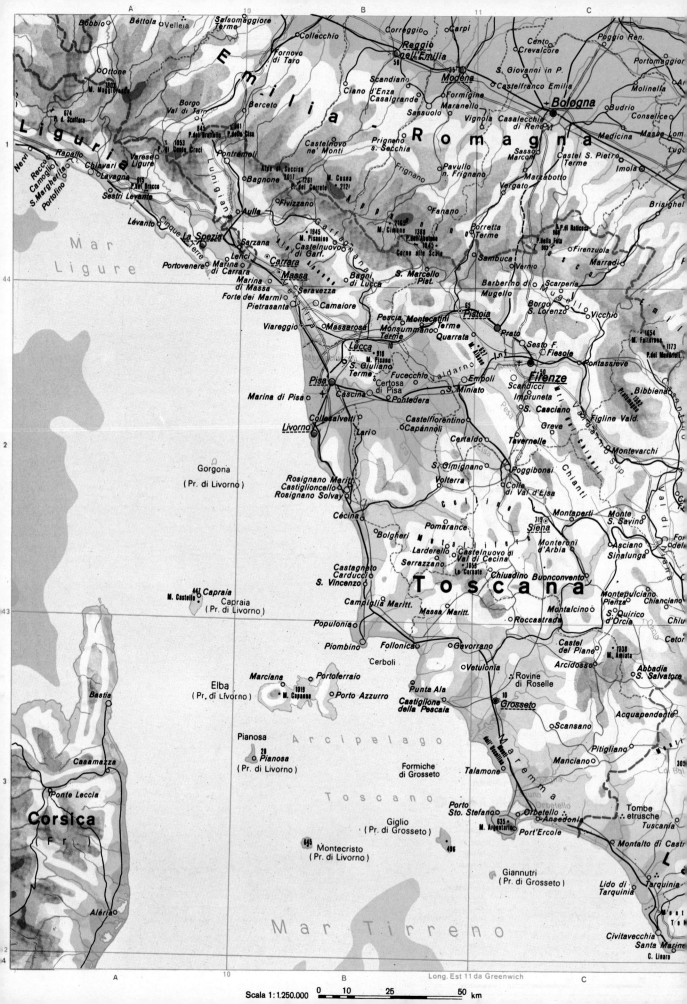

Profondità

Altitudini

4000 2000 200

Depr.

0 100 200 500 1000 2000 3000 m

Ghiacciai

Località oltre 1 000 000 ab.
da 500 000 a 1 000 000 ab.
da 250 000 a 500 000 ab.
da 100 000 a 250 000 ab.
da 50 000 a 100 000 ab.
da 25 000 a 50 000 ab.
meno di 25 000 ab.

Capoluogo di regione
Capoluogo di provincia
Roma Capitale di Stato
Confine di Stato
Confine di regione
Confine di provincia

Canale
Diga
Paludi
Ferrovie
Galleria
Autostrade
Strade di grande comunicazione
Aeroporti
Luogo di interesse religioso
Siti archeologici
Passi

Mare Adriatico

Comacchio
Marina di Ravenna
Ravenna
S.Apollinare in Classe
Cervia
Cesenatico
Forlimpopoli
Cesena
Bellaria
Igea Marina
S. Mauro Pascoli
gnano sul Rub.
Arcangelo di Rom.
Rimini
Riccione
Sogliano al Rubicone
Misano
Adriatico
Cattolica
San Marino
Novaféltria
Montefeltro
Pennabilli
Pesaro
Fano
Urbino
Fossombrone
Mondolfo
Senigallia
Urbania
Gola del Furlo
Montemarciano
Falconara
Maritt.
Cupramo
Ancona
Cagli
Pérgola
Chiaravalle
M. Cónero
572
Bocca Serriola
Arcevia
Jesi
Osimo
Castelfidardo
Città di Castello
Sassoferrato
Cupramontana
Filottrano
Porto Recanati
Scheggia
M. Cátria
1701
Loreto
Recanati
Gubbio
Fabriano
Cíngoli
Montecassiano
Potenza
Picena
Umbertide
Matelica
Treia
Macerata
Civitanova Marche
Gualdo Tadino
S. Severino
Marche
Corridonia
Porto S. Elpidio
Magione
Tolentino
Sant'Elpidio a Mare
Nocera
Umbra
M. Pennino
Canierino
Montegiorgio
Porto San Giorgio
Perugia
Assisi
S. Ginesio
Fermo
Bastia
M. Subasio
Spello
Pedaso
Deruta
Montefalco
Trevi
Ripatransone
Cupra Maríttima
Marsciano
Gualdo Cattaneo
Tempio di Clitunno
Amandola
Grottammare
Foligno
M. Priora
2334
Offida
S. Benedetto d. Tronto
Todi
Norcia
Ascoli Piceno
Porto d'Ascoli
M. Vettore
Acquasparta
Forca Canapine
Acquasanta Terme
Alba Adriatica
Sangemini
Cascia
Campli
Giulianova
Orvieto
Amatrice
Montorio
al Vomano
Teramo
Roseto d. Abruzzi
Terni
Leonessa
Casoli
Pineto
Amelia
Piediluco
Atri
Silvi Marina
Narni
Terminillo
2213
Città Sant'Angelo
Montesilvano
Marina
Orte
Antrodoco
Gran Sasso d'Italia
Corno Grande
Penne
Pescara
Soriano
Rieti
Cittaducale
Spoltore
Francavilla al Mare
Vignanello
Amiterno
Loreto Aprutino
Ortona
Caprarola
L'Aquila
Chieti
S. Vito Chietino
Civita Castellana
Abruzzi
Fossacésia
Campagnano di Roma
Monoppello
Lanciano
Castelnuovo di Porto
Guardiagrele
Torino di Sangro
Fara in Sabina
Borgorose
Pópoli
Casalbordino
Palombara
M. Velino
2487
M. Sirente
Prátola Peligna
La Maiella
M. Amaro
Póllutri
Mentana
Carsoli
Ovindoli
Sulmona
Vasto
Tagliacozzo
Celano
Peschia
Gissi
Avezzano
Conca del Fucino

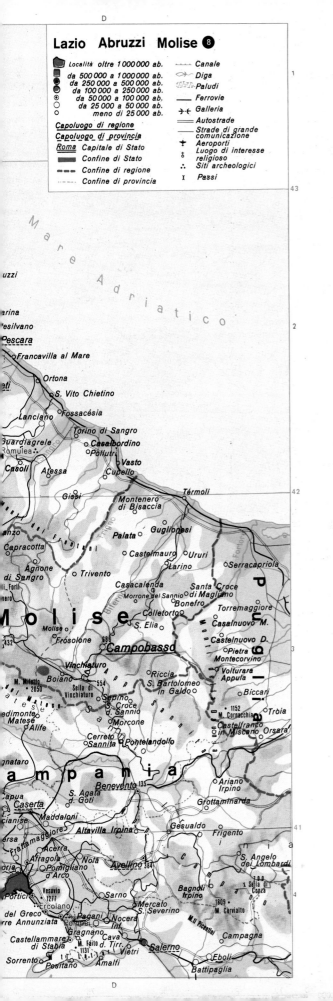

Località oltre 1 000 000 ab.
da 500 000 a 1 000 000 ab.
da 250 000 a 500 000 ab.
da 100 000 a 250 000 ab.
da 50 000 a 100 000 ab.
da 25 000 a 50 000 ab.
meno di 25 000 ab.

Capoluogo di regione
Capoluogo di provincia
Roma Capitale di Stato
Confine di Stato
Confine di regione
Confine di provincia

Canale
Diga
Paludi
Ferrovie
Galleria
Autostrade
Strade di grande comunicazione
Aeroporti
Luogo di interesse religioso
Siti archeologici
Passi

Mare Adriatico

Pescara
Francavilla al Mare
Ortona
S. Vito Chietino
Fossacésia
Lanciano
Torino di Sangro
Guardiagrele
Casalbordino
Romulea
Pollutri
Casoli Atessa Vasto
Cupello
Gissi
Térmoli
Montenero di Bisaccia
Capracotta
Palata Guglionesi
Agnone di Sangro
Castelmauro Ururi
Trivento Larino Serracapriola
Forli
Casacalénda Santa Croce di Magliano
Morrone del Sannio Bonefro
Molise Colletorto Torremaggiore
S. Elia Casalnuovo M.
Frosolone Castelnuovo D.
Campobasso Pietra Montecorvino
Vinchiaturo Riccia Volturara Appula
M. Miletto Boiano S. Bartolomeo in Galdo Biccari
2050 Sella di Vinchiaturo M. Cornacchia Tròia
Matese Sepino 1152 Castelfranco Orsara
edimonte S. Croce d. Sannio in Miscano
Matese Morcone
Alife Cerreto Pontelandolfo
Sannita
gnataro
Ariano Irpino
Benevento 135
S. Agata d. Goti
apua Grottaminarda
Caserta
Maddaloni Gesualdo
cianise Altavilla Irpina Frigento
ersa
Acerra S. Angelo dei Lombardi
Affragola
Pomigliano Nola Avellino 384
d'Arco
Vesuvio Bagnoli Irpino Sella di Conza
Pòrtici 1277 Mercato 1809 M. Cervialto
del Greco Ercolano S. Severino
Annunziata Pompei Sarno Campagna
Pagani Nocera M.ti Picentini
Castellammare Gragnano Inf.
di Stabia M. Faito Cava Vietri Eboli
Sorrento 1131 d. Tirr. Salerno
Positano Amalfi Battipaglia

Campania Puglia Basilicata ⑨

Località oltre 1 000 000 ab.
da 500 000 a 1 000 000 ab.
da 250 000 a 500 000 ab.
da 100 000 a 250 000 ab.
da 50 000 a 100 000 ab.
da 25 000 a 50 000 ab.
meno di 25 000 ab.
Capoluogo di regione
Capoluogo di provincia
Roma Capitale di Stato
Confine di Stato
Confine di regione
Confine di provincia

Canale
Diga
Paludi
Ferrovie
Galleria
Autostrade
Strade di grande comunicazione
Aeroporti
Luogo di interesse religioso
Siti archeologici
Passi

Mare Adriatico

Vieste
Testa d. Gargano
Manfredonia
Sant'Angelo

Margherita di Savoia
Barletta
dinando Trani
Puglia Bisceglie
Canne Molfetta
Andria Giovinazzo
sa Corato Terlizzi **Bari**
Puglia Ruvo di P.
Castel del Monte Bitonto Modugno Triggiano
ervino Mola di Bari
urge M. Caccia Grumo Noicàttaro
Appula Adelfia Pelignano a Mare
Spinazzola Sannicandro Rutigliano
vio Acquaviva Conversano
vasio d. Fonti Turi Monopoli
no di Lucania Altamura Castellana Grotte
Irsina Gravina Gioia d. Colle Egnatia
di Puglia Santèramo Noci Putignano Fasano
in Colle Alberobello
Matera Locorotondo Cisternino
rico Grassano Laterza Martina Franca Ostuni
Grottole Ginosa Castellaneta Crispiano Ceglie Carovigno
Salandra Miglionico Mòttola Messàpico S. Vito d. Normanni
Pomàrico Montescaglioso Massafra S. Vito d. Normanni **Brindisi**
Stigliano Ferrandina Crispiano Francavilla Mesagne
licata Bernalda Fontana Latiano
Tavole Palatine Grottaglie Oria S. Pietro Vernòtico
Pisticci C. S. Vito Metaponto Squinzano
Montalbano Mar Grande Sava Manduria Trepuzzi
Ionico Campi Nòvoli **Lecce**
Sant'Arcangelo Scanzano Salentina
Eraclea Avetrana Veglie
Policoro Leverano Copertino Meledugno
Senise Rotondella Nardò Galatina Martano
San Paolo Albanese Galatone Otranto
Montegiordano Maglie C. d'Otranto
Oriolo Gallipoli Parabita Poggiardo
nello Capo Spùlico Casarano
San Costantino Amendolara Ruffano
M. Pollino Racale Tricase
rra Dolcedorme S. Lorenzo Bellizzi Ugento
Morano Calabro Trebisacce Presicce Gagliano del Capo
Cassano allo Ionio Leuca
ngre Sìbari C. Sta. Maria di Leuca
Altomonte Spezzano A. Sybaris
Roggiano
ttarico S. Demetrio Corone Capo Trionto
Montalto Bisignano Rossano
Ufugo Luzzi Sila Greca Cariati
Longobucco Campana
Bocchigliero Punta Alice

Golfo di Taranto

Mar Ionio

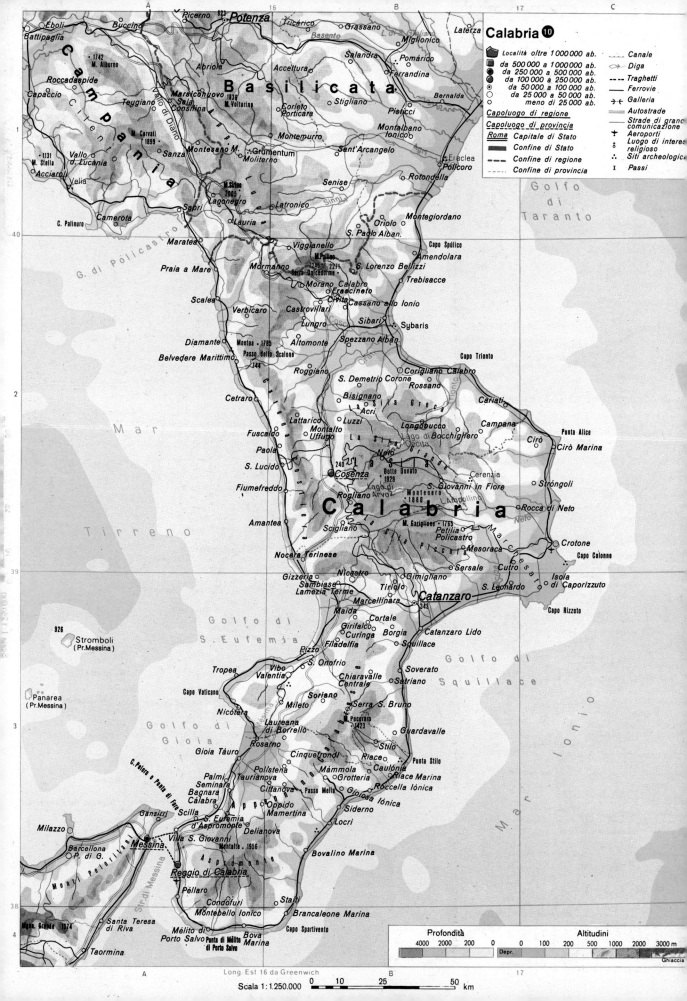

Sicilia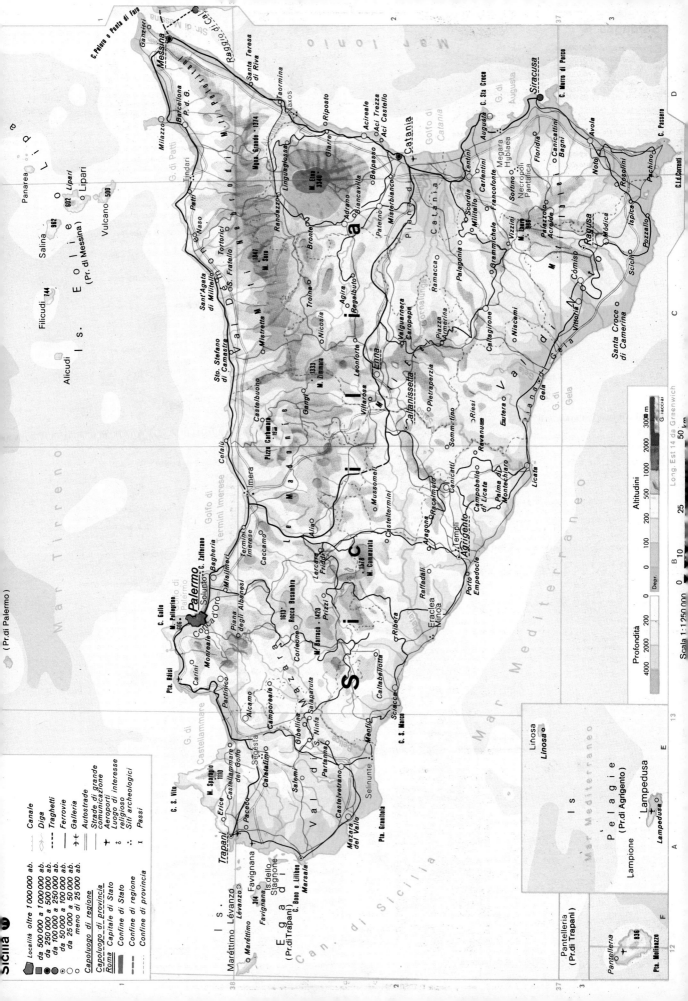

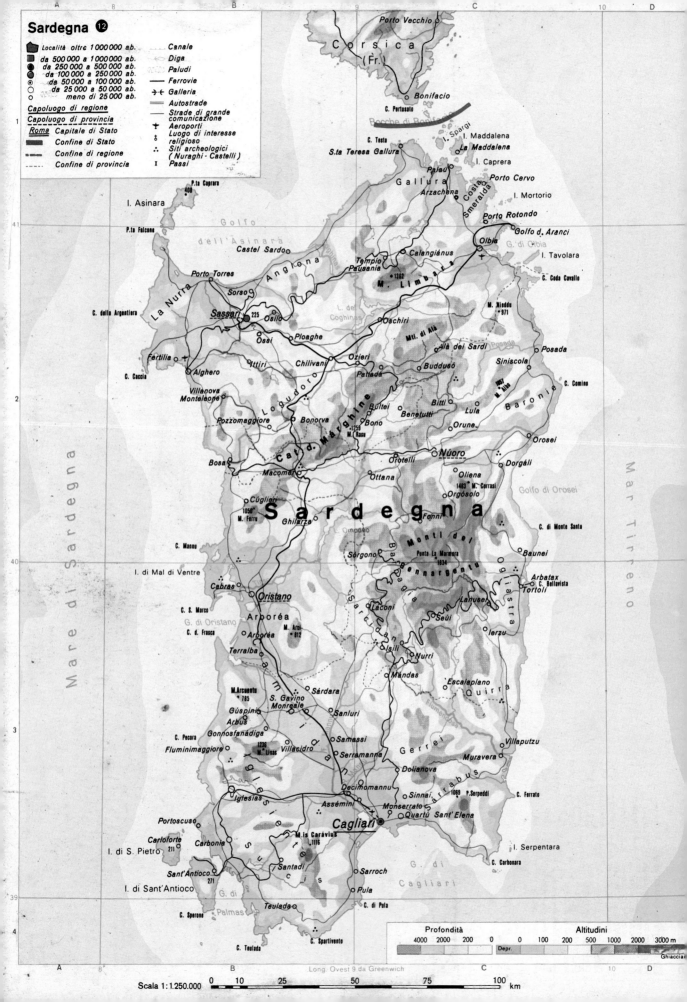

Sardegna ⑫

Corsica (Fr.)

Porto Vecchio
Bonifacio
C. Portusato
Bocche di Bonifacio
C. Testa
S.ta Teresa Gallura
I. Spargi
I. Maddalena
La Maddalena
I. Caprera
Palau
Arzachena
Costa Smeralda
Porto Cervo
I. Mortorio
Gallura
Porto Rotondo
Golfo d. Aranci
Olbia
G. di Olbia
I. Tavolara
Calangiánus
Tempio Pausania
C. Coda Cavallo
M. Limbara 1362
M. Nieddu 971
I. Asinara
P.ta Caprara 408
P.ta Falcone
Golfo dell'Asinara
Castel Sardo
Anglona
Oschiri
Posada
C. della Argentiera
Porto Torres
Sorso
La Nurra
L. del Coghinas
Mti. di Alà
Alà dei Sardi
Siniscola
Sassari 225
Osilo
Ossi
Ploaghe
Ozieri
Budusó
C. Comino
Fertilia
Chilivani
Patiada
M. Albo 1057
Baronia
C. Caccia
Alghero
Ittiri
Logudoro
Bitti
Lula
Villanova Monteleone
Bultei
Benetutti
Orune
Bono
Orosei
Pozzomaggiore
Bonorva
M. Rasu 1259
Cat. d. Márghine
Núoro
Macomer
Orotelli
Dorgáli
Bosa
Ottana
Oliena
M. Corrasi 1463
Cúglieri
M. Ferru 1050
Ghilarza
S a r d e g n a
Orgósolo
Fonni
C. di Monte Santu
C. Mannu
Sórgono
Monti del Gennargentu
Punta La Marmora 1834
Baunei
Golfo di Orosei
I. di Mal di Ventre
Cabras
Láconi
Arbatax
C. Bellavista
Tortolí
Oristano
Arboréa
M. Arci 812
Seüi
Ierzu
C. S. Marco
G. di Oristano
Lanusei
C. d. Frasca
Arboréa
Isili
Terralba
Nurri
M. Arcuentu 785
Sárdara
Mándas
Escalaplano
Quirra
S. Gavino Monreale
Sanluri
Gúspini
Arbus
Samassi
Villaputzu
C. Pecora
Gonnosfanádiga
Villacidro
Serramanna
Gerrei
Muravera
Fluminimaggiore
M. Linas 1236
Dolianova
C. Ferrato
Decimomannu
Sinnai
P. Serpeddi 1069
Iglesias
Assémini
Monserrato
Portoscuso
Quartú Sant'Elena
Carloforte 211
Carbonia
Cagliari
I. di S. Pietro
M.is Carávius 1116
I. Serpentara
Sant'Antioco 271
Santadi
Sarroch
C. Carbonara
I. di Sant'Antioco
Pula
G. di Cagliari
C. Sperone
G. di Palmas
Teulada
C. di Pula
C. Teulada
C. Spartivento

Mare di Sardegna

Mar Tirreno

Long. Ovest 9 da Greenwich